ホリエモン×ひろゆき
やっぱりヘンだよね
～常識を疑えば未来が開ける～

堀江貴文　西村博之

目次

第1章 「働き方・教育」のヘン

第2章 「健康・食」のヘン

第3章 「メディア・スポーツ」のヘン

第4章 「IT」のヘン

第7章 「経済」のヘン

本書は「週刊プレイボーイ」（集英社）の連載コラム「ホリエモン×ひろゆき　なんかヘンだよね。。。」
の2013年1月から2016年6月の掲載分から50本を選りすぐり、一部加筆・修正したものです。

第1章

「働き方・教育」のヘン

1 言われたことだけやっていたら仕事がなくなる！これからの働き方とは？［2013］

ひろゆき（以下、ひろ） エイベックスの新しい採用方式って知ってますか？ なんでも「〝志〟一括採用」っていうらしいんですけど……。

ホリエモン（以下、ホリ） これまでの新卒一括採用を中止するってやつね。しかも、誰でも応募可能で、一度、不採用になった人も何度でもトライできるってやつでしょ。

ひろ そうです。これって、つまりは優秀な人材であれば新卒でなくても採用するってことですよね。新卒一括採用って、有利になる会社と不利になる会社があるんですよ。

ホリ どういう意味？

ひろ 例えば、「大学生就職人気企業ランキング」みたいなものの上位に入るような会社は、その年の優秀な学生たちが多く集まるから、新卒一括採用は有利なんですよ。でも、人気のない会社は、優秀な学生を先に採用されてしまうので不利になってしまう。

ホリ つーか、今の時代、社員とかいらないと思うんだけど……。

ひろ またブッ飛んだ意見を（笑）。

ホリ だって俺、実際に今いくつかの事業を立ち上げてるけど、社長プラス2、3人くらいで仕事が回せちゃうから。

ひろ　確かに今はプロジェクトチーム単位で事業ができる時代ですよね。昔は仕事を始めるには、事務所を借りて、固定電話を設置して、電話番をする人が必要だったりしましたよね。それに、例えばネットワークサービスの会社とかだと、自社でサーバーを買って、エンジニアも雇わなければならなかった。そういう感じでムダなコストがいっぱいあったんですけど、今は全部外注できるようになりましたから。

ホリ　そうそう。サーバーならアマゾンが信頼性の高いものを格安で提供してたりするし、マーケティングもＴｗｉｔｔｅｒとＦａｃｅｂｏｏｋがあれば十分。

ひろ　アプリ開発事業なら、料金回収もアップルとかグーグルがやってくれるので、集金も自分たちでやる手間がなくなりましたし。アウトソースが手軽に利用できる環境になったことで、自分たちでマンパワーを抱える必要はなくなったんですよね。なので、本当に社長と外注スタッフだけで事業をやっていけちゃいますよね。

ホリ　俺が今やってるロケット開発もそうだし……。

ひろ　ということは、これからは言われたことだけをやるような〝単純労働作業員〟タイプの社員たちは仕事がどんどん減っていくってことですよね。

ホリ　もしかしたら日本では仕事を続けられなくなるかもね。

ひろ　もちろん、社会の安定には〝単純労働作業員〟タイプの人たちの存在が欠かせないわけです。ただ、昔の日本では事業を立ち上げる人と単純作業をする人の割合が1対99でも釣り合っていた。それが、今は単純労働などは外注で済むようになってしまったので、その割合が変わってきている。

ホリ　うん。

ひろ　企業の電話ひとつとってもそうですよね。電話応対って、昔は日本企業なら日本人っていうように現地の国の人の仕事だったけど、今は海外に委託できる。アメリカのパソコンメーカーに電話すると、応対するのは大連にいる中国人だったりするんですよ。つまり、専門性や生産性の低い仕事は、賃金の安い海外に奪われていくのが自然な流れなわけです。だから、これからは日本にいても「日本人だから」って理由だけで高い給料をもらえることはなくなる。

ホリ　そうだね。

ひろ　月給5万円で働いている中国人と日本人の作るものが一緒の場合は、給料も同じになるわけですよね。だって買う側からすれば誰が作っていようと変わりませんから。それが現実なので、いやでも受け入れるしかないかと。

ホリ　自分の生産性や仕事の価値を度外視して、「俺は8時間ちゃんと働いているんだから……」って不満を言う人が多いんだよね。でも、これからの時代は、みんなが同じように幸せになるっていうのは無理な話なのかもしれない。ただ、日本でも5万円で生活できないわけじゃないから。今は都会でもシェアハウスとかが増えてるし、地方に行けばなんとかやっていけるでしょ。

ひろ　すごく単純なことなんですけど、儲けようと思ったら稼いでいる人のマネをすればいいんですよね。言い換えれば、外国人に奪われないような仕事をすればいい。例えばプログラミングを覚えたりとか……。

ホリ　てか、仕事って自分でどんどんつくっちゃえばいいと思うんだけど。プロゲーマーとか韓国ではメジャーだし、YouTubeに動画を投稿して広告収入で生計を立ててる「YouTuber（ユーチューバー）」っていう職業もあるわけだからね。

ひろ　ニコニコ動画に投稿する〝歌い手〟だってそうですよね。

ホリ　彼らはCDなどの物販でも稼いでるよね。

ひろ　今はインターネットによって収入を得ることが簡単になってきましたからね。だから今後は「これをやったらヒットするかな?」っていうのを考えて、実際に行動する人が成功していく社会になるのかも。「数撃ちゃ当たる」方式で、なんでも試していたら何かがヒットしたみたいな。実際に、絵が好きで同人誌を出していたら、出版社から声がかかって販売され、ヒットしたってケースもあるわけですし。

ホリ　単純労働の社員は確実に減るし、給料も下がるのは明らかだからね。

ひろ　人に言われたとおりにやるだけなら、もっと給料の安い外国人に頼めばいいわけですから。

ホリ　そう考えると、自分でどんどん仕事をつくっていくべきだし、何より自分の好きなことや興味のあることを仕事にしていったほうがいいと思うけどね。

ひろ　ええ。少なくとも打席に立たないことには、ヒットもホームランも打てないわけですから。

2

満員電車に揺られて通勤！ それだけでもブラック労働だよね［２０１４］

ひろ　朝の電車「激コミ」区間ランキングってのが発表されて、ＪＲ総武線の「錦糸町―両国」の混雑率が202％を突破したとか。読者にも電車通勤の人は多いですよね、きっと。

ホリ　毎朝、かなりの体力を浪費しながら満員電車に乗って通勤するとか、日本人ってドＭ体質なのかな。

ひろ　ちなみに、ラッシュ時にはどこの路線も混んでますけど、僕の地元であるＪＲ埼京線の赤羽駅のホームにできる長蛇の列はハンパなかったりしますよ。人が多すぎて、次の電車に乗れないレベルですから。なので、「赤羽―板橋」間の電車に乗れば、「人間がこれ以上入れない」という地獄を堪能できます。

ホリ　シンガポールの地下鉄は画期的なシステムを導入してるよね。

ひろ　ええ。都心の地下鉄16駅（２０１６年9月現在は18駅）では、７時45分以前に降車すると運賃が無料、７時45分～８時の間は約40円引きって感じで、値段に差をつけていますね。運賃でラッシュの時間をズラすってのは賢いなぁと思います。

ホリ　なんで日本はやらないんだろう？　メリットは絶対に大きいでしょ。

ひろ　ラッシュに合わせて、お客さんを押し込む駅員さんを雇用したりしてるので、混雑が緩和すれば鉄道会社の負担も減ると思うんですけどね。あと、山手線はラッシュの時間帯だけ20円アップとかにしちゃえば、売り上げも上がるので好都合ですし。

ホリ ＪＲ東日本などは切符とＳｕｉｃａとかの電子マネーで運賃が違うわけだし、時間帯別の運賃も可能なはずだよ。

ひろ その二重運賃は、大きなトラブルなく導入できてますしね。だから、なんだかんだでラッシュ時の値上げの導入はできそうな気がしますけどね。

ホリ でも、そういうのを批判するやつがいるんだよな。本当にアホだと思うし、ウザい。

ひろ 今って、時差出勤とか増えましたし、昔と違って路線も増えてきたので、だいぶ混雑は緩和されつつある気がしますけどね。とはいえ、役所とか9時から17時までの仕事が多いので、抜本的には変わらないですが……。

ホリ クールビズみたいに、中央官庁から出勤時間をタイムシフトすればいいんだよ（２０１５年から7月、8月に限り、国家公務員の朝型勤務が開始された）。

ひろ 外国だと、銀行の窓口業務が17時まで開いてるとかけっこうありますよね。でも、日本だと15時までだから、それまでに行かなきゃいけない。そういう民間のサービスも電車の混雑に少なからず影響してるかもですね。

ホリ いつも思うけど、オンラインバンキングでできることをわざわざ銀行に行ってやるのは、意味不明だよ。

ひろ あと、航空券の予約とかもオンラインでできる時代ですけど、いまだに電話優先派がいますよね。オペレーターの人件費とか、その分のコストがかかってるのに、オンラインで買ってる人も同じ値段になるわけです。便利なサービスがあるのに使わない人や学習を放棄した人のコストを全員で払う仕組みって世の中によくありますよね。

ホリ ヘンな世の中だよな。

ひろ モノを覚えるのが苦手な人は、世の中には一定数いると思うんですよ。で、その人がモノを覚えないのは、その人の自由。でも、その人のせいで、商品の値段が高くなって、モノを覚えた人も高い値段で買わなきゃいけないのはどうなの？って。

ホリ だから、電話とか窓口対応を有料にすりゃいいんだよな。そのくらいしないと、おっさんたちは習慣を変えないから。

ひろ 有料にして反発する層を無視できるかどうかですよね。八方美人を目指してると、なかなか改革はできないわけで。しかも、電話好きな人のほうが声がデカいでしょうから。

ホリ 電話好きはハードクレーマーになりやすいからね。

ひろ それにオンライン化すると窓口の人たちの仕事が減るわけで、リストラされる人が出るわけです。でも、和服を着る人が減って呉服屋さんが少なくなるとか、タイピストって職業が少なくなるとか、時代によって仕事がなくなるのは当たり前のことかと。

ホリ だから、働き方も変えていくべき。ブラック企業批判が多いけど、みんながつらい仕事をやるからブラック企業になるんでしょ？　なら、つらい仕事をやらなきゃいいんだよ。ユーチューバーとか、ゲーマーって、れっきとした仕事だけど楽しんでるじゃん。

ひろ　そんな感じで、新しい産業にシフトしていったほうが楽なんですよね。ブラック企業で働いてて「残業代が出ない」とか言ってるぐらいなら、転職したほうが未来はあるかと。ブラック気質の企業が5年後にホワイト企業になってるとか、まずあり得ないと思いますし。

ホリ　世間では、「家庭や家のローンがあるのに転職はハイリスクすぎるから、今の状況がいい」って人が多いみたいだよね。

ひろ　その状況がいいって言うなら、放っておいていいのでは？

ホリ　全部諦めると一気に楽になるんだけどね。「お父さんは家族を解散することにした！」って言えば解決（笑）。

ひろ　解散は極論ですけどね。

ホリ　でも、働き方はいやでも変わっていくから、なら早めに変えていかなきゃでしょ。

ひろ　今後10年ぐらいでだいぶ変わるでしょうね。短期的には機械化を手伝う仕事がいいですけど、長期的には接客業とかのほうが付加価値が大きくなりそうな予感がします。

ホリ　そんな感じで、これからは臨機応変に働き方を変えていく必要があるんだよ。だから、まずはラッシュ時の運賃アップに反対の人とか、航空券を電話や窓口で予約してる人は、そういう考え方から変えるべき。とにかく、常識っていう〝ヘン〟を疑わないとね。

3 履歴書って、なんで手書きなの？ そもそも就活自体がヘンだよ［2015］

ひろ 就職活動が大きく変わったらしいですね。就活の始まりである「採用情報解禁」が、後ろ倒しされたとかで。

ホリ 就活とか、いつまでそんなめんどくさいことをやってんだろう。

ひろ でも、僕的には「青田買い」しまくるのは全然ありだと思うんですけどね。

ホリ どういうこと？

ひろ 高校生でも優秀な人は一定数いるので、そういう人は大学に行かずにすぐに働いちゃってもいいと思うんです。そんで、働いてみた後に「やっぱり大学に行きたい」と思うなら、大学を受験すればいいいわけで。

ホリ まあ、そうだね。今回の後ろ倒しは「大学生は就活に時間を割くべきではない！」っていう意見が背景にあったみたい。

ひろ そもそも、「いつから就活がスタートする」とかもヘンなルールですよね。

ホリ そうそう、意味不明だね。本来は、学生のときからその企業でバイトして、そのまま働くのがベストだと思う。

ひろ そのほうがお互いのためにもいいですよね。学生も会社に入ってから「予想と違った！」とか「こんなはずじゃなかった！」とかで振り回されることもなくなるわけで。んで、会社側も「使えるやつかそうじゃないか」ってのは、実際に働かせてみるのが一番わかりやすいわけですから。

ホリ　だよね。お互いにメリットがあるのに、なんでそうしないんだろう？

ひろ　学生のバイトといえば居酒屋とか飲食店が一般的ですし、ほかにも塾講師とかキャンペーンガールとかも人気ですよね。それを見ていると、やりたい職業ってより、時給の高さを重視している気がします。

ホリ　あとは、間口がないってのもあるかも。学生の就職人気企業ランキングの上位に航空会社があるけど、ＣＡとかの仕事はバイトには任せられないよね。

ひろ　あと、社内の実態がバレたらヤバい会社とかだと、バイトは頼めなかったりもしますよね。

ホリ　ああ、そのパターンね。

ひろ　んで、就活といえば、堀江さんの発言がネットで騒がれていましたよね。「履歴書の手書きはやめてほしい。そんなやつは採用候補に入れたくない」ってな感じでまとめられてましたけど。

ホリ　いちいち騒ぎ立てるようなことじゃないと思うけどなー。でも、実際に手書きで出されたらウザくない？

ひろ　僕的には、手書きでもワープロでもどっちでもよかったりします。まあ、よくいわれている「手書きだから誠意が伝わる」というのは意味わかんないですけど。

ホリ　そうそう。この手の話になると決まって「誠意」とか「ぬくもり」とか言い出すやつがいるけど、あいつらなんなのかね？

ひろ　ワープロのほうが、確かに効率的なんですよね。

ホリ　うん。採用担当者も汚い字だと読むだけで時間かかるじゃん。本質的に履歴書が手書きである必然性はないんだし、みんなで手書きをやめたら多くの人が楽になると思うんだけど。

ひろ　ただ、字がうまい人は、手書きにすることで「字がうまいこと」を企業側にアピールできるのでいいと思いますけどね。

ホリ　まあ、それは言えるかも。

ひろ　あと、手書きをＯＫにすることで、送ってきた人の「頭の悪さ」が前もってわかるのでラッキーかもです。字が汚いならワープロを使えばいいのにそれでも手書きで送ってくる人は頭がよくないわけですから。

ホリ　まあね。

ひろ　履歴書って、本来はその人の優秀さをアピールするための書類なんですけど、事前に「雇ったらヤバい」とわかれば、面接の時間とかムダに費やさなくていいですからね。となると、見る側にとって情報量が増えるという意味では、手書きのほうが得なこともあるっちゃあります。

ホリ　……うーん。

ひろ　あとは、デザイナーを採用するときに、手書きは有効だと思います。字がへたな人は基本的に避けるべきですよ。

ホリ　どういう意味？

ひろ　きれいな文字を書くことって、「文字を均一に配置すること」ですよね。ってことは、線が真っすぐに書けていないとか、書体のバランスが悪い状態が気にならない人は、デザイナーとしてのセンスに欠けている可能性が高いと思うんです。

ホリ　それも一理あるね。でも、履歴書を大量に書いていると丁寧《ていねい》さが失われる可能性も否めないんじゃない？

ひろ　それはありますよね。ですから、このまま「手書きが一番」という風潮が続く限りは、代行業者が繁盛する時代になるかもしれないっすね。少し前に宿題代行とか話題になりましたし、今でも幼稚園児の名札つけとかを代行する業者がいっぱい出てきてますからね。

ホリ　くだらねーなー。そういう形式的なところに力を入れるんじゃなくて、その人が何をしてきたかとか履歴書の内容が大事だと思うんだけど。中身で勝負しろよ！　なんつーか本質的じゃないんだよ。

ひろ　それはありますよね。

ホリ　みんなで一斉に手書きの履歴書をやめれば、それが普通になるんじゃないのかね。

ひろ　まあ、ここまで言っても「手書き至上主義」の人は理解できないでしょうね。

ホリ　それに、へたすりゃ履歴書もいらないよ。今ならＦａｃｅｂｏｏｋでいいじゃん。学歴や趣味がわかるから、へたな履歴書よりもよっぽど人となりがわかると思うんだけど。

ひろ　まぁ、それもありますよね。ただ、そんなことを言うと、また炎上しそうな気が……。そのときのタイトルは『ホリエモン大胆発言！　「紙の履歴書はやめてほしい。Ｆａｃｅｂｏｏｋじゃダメなの？」』とかですね……（笑）。

4 就職活動中の皆さん、コネ入社って、どう思います？［2015］

ひろ　学生は普通、就職試験を受けて、能力やテストの結果で判断されて採用が決まりますけど、世の中には「コネ入社」ってのがありますよね。

ホリ　うん。でもそれって、普通のことでしょ？

ひろ　ええ。大小含めていろんな企業に普通にいますよね。ただ、テレビ局にはタレントや政治家の子供が多いってことで批判の声が上がっているみたいですよ。

ホリ　コネがなくてまじめに就活している人は納得できないんだろうけど、コネ入社なんて当然のことだよ。

ひろ　普通に考えると、コネがある人を採用したほうが会社にとって得ですよね。例えば、スポンサーと仲良くなるための営業費用として考えた場合、アホな息子であったとしても入れといたほうが安く上がるわけですし。

ホリ　批判している人も自分が採用する側だったら、きっとコネがある新人を採ってるでしょ（笑）。

ひろ　大スポンサーの社長の息子や娘とかなら、そりゃ、入れちゃいますよねー。

ホリ　テレビ局は広告収入が大事だからね。

ひろ　あとは何かトラブルがあったときの保険としてはいいカードになるわけで、採用する側もまっとうな判断なんじゃないですか？　それに普通に試験を経て採用した人でも、実力が未知数な部分ってありますよね。就職試験といっても筆記テストをして、その後に数回会って話すだけだったりするので、その人の本当の能力なんてわかるわけないんですよ。

ホリ　うん。やっぱり、実際に働いてみないとわからない部分って多いからね。だから俺は、例えばバイトで雇ってから、正社員にするかどうか考えたほうがいいと思う。

ひろ　そんな感じで、面接ではよさそうだったけど働いてみたらダメだったみたいなパターンってよくあるんですが、コネ入社で入ってくるスポンサーの息子とかは、「コイツはどうせ使えない」って最初から思っていたりするので、失望もないんですよね。

ホリ　期待してなければ、失望もしないからね（笑）。

ひろ　しかも、親子関係ってそうそうなくならないので、ある意味、実力のありそうな学生を採るよりも手堅いと思うんです。なので、安定的な結果を重視するのであれば、コネで採用するのが正解ってことになるかと……。

ホリ　そうなるね。

ひろ　特にテレビ局とかは昔ほど景気が良くないので、保守的な判断になるのは仕方ないんじゃないですかね。「就職は平等がいいよね」っていう意見は感情的にはわかりますけど……。

ホリ　まあ、批判しているやつは嫉妬心からってことが多いよ。

ひろ　批判している人は面接で落ちたり、テレビ局に憧れていた人だったりするんでしょうかね。

そんで聞くところによると、人気企業に入りたい学生の中には、エントリーシートや面接のときの話題づくりのためにＮＰＯ法人を立ち上げたり、わざわざ農業体験をしたりする人がいるらしいですよ。

ホリ　マジ？　なんでそこまでして……。

ひろ　ちょっと理解できないですよね。

ホリ　めんどくさくないのかな？　俺だったら、そういう確率の低い博打は、やろうと思わないなー。

ひろ　奇をてらったものよりも、その会社で必要とされる資格とかを取ったほうが入社できる確率は高いと思いますけどね。そんで「資格を持っていれば、新卒で入れなくても、経験を積んで実力をつけて、後から横入りすればいいじゃん」って意見もあるみたいです。でも、そもそもそういった思考回路にならない学生のほうが多いと思います。

ホリ　だから、柔軟に考えられなくて、思考停止になっている人ほど、「コネ入社はよくない」とか吠えるんじゃない？

ひろ　コネ入社批判は「嫉妬」の部分と「大企業だったり許認可事業（※１）だったりするので、社会的にどうなの？」って話なのかなーと思いますけど。

ホリ　確かに、テレビ局は電波を利用してるので「許認可事業だから」って議論はなくはないね。

ひろ　でも、公務員がコネ採用されているのはマズいですけど、一般の企業なら文句言えないわけです。んで、コネ入社批判って、「会社にとっての利益」の話と「社会は平等であるべき」って話がごっちゃになってる気がするんですよ。「実利」と「建前」がぶつかり合ってるんです。まず、そこを区別しないといけないと思います。

ホリ　それもあるけど、そもそも「社会って平等じゃない」ってことを認識しておくべきだよ。そして、社会は平等じゃないってことがわかると、文句を言ってるよりも「俺はこれで勝負しよう」とか、「これをやろう」っていうふうに考えるはずだよ。

ひろ　そうっすね。

ホリ　そう考えたほうが、ずっと有意義だと思うけどね。

※1　**許認可事業**
一定の条件を満たした場合に、行政官庁が企業や個人に営業を認める事業。放送で利用できる周波数帯域は限られているため、テレビ局などは総務省から放送局の免許を受け、周波数を割り当ててもらっている。公共性の高い事業でもある。

5 国公立大学の入試が、ペーパーテストから人物評価を重視する方向ってどう？［2013］

ホリ　国公立大学入試が大きく変わるって話があるらしいね。

ひろ　どうやら新テスト（2020年度から「大学入学希望者学力評価テスト」を導入予定）にするらしいですよ。とりあえずの大きな方針としては「知識偏重」から「人物評価重視」を目指すってことみたいですけど。

ホリ　まあ、少子化で大学入試が成立しにくくなってんだろーな。

ひろ　で、個別に人物評価するとなると機械的なテストが使えないので、ものすごい人数を面接しなきゃいけなくなるから手間がかかりますよね。今、実施されている論文だって、採点は大変だって聞きますし、もしそうなれば、やたらと負担が増えるんじゃないですか。しかも面接官も人間なので、判断する基準には必ず違いが出るわけで、これは不公平感がありまくりな気が……。

ホリ　じゃあ、人物を評価するっていう2次試験には反対ってこと？

ひろ　人物評価を低コストで客観的にできる仕組みがあるのならいいと思います。でも、それがないなら、今までどおりのほうがマシなんじゃないかと。

ホリ　まあ、受験生側は明確な基準があるほうが頑張りやすいからね。

ひろ　私立大学なら勝手にやればいいんですけど、国の税金が投入されている国公立大学でやるのはどうなの？って。国公立大学は、優秀だけど経済的にあまり余裕のない人の貴重な選択肢なわけですよね。不公平が発生するような仕組みで試験をしないほうがいいんじゃないかと。

ホリ　でも、今は国公立大学ですら積極的に留学生を呼び込んだり、いろんな工夫をしないと生き残っていけない状況だからねえ。

ひろ　倍率が1倍を切っている国公立大学なら、なりふり構わずいろんな入試をやってもいいと思いますけど、倍率が高いところがわざわざやる必要はないですよね。

ホリ　そのとおりだね。国公立大学だからといってブランド力があるわけでもなく、けっこうキツい状況の学校は多いと思うな。最近では、ヘタな国公立大学より慶應義塾大学のＳＦＣ（湘南藤沢キャンパス）とかのほうがブランディングされてたりするし。まあ、この動きによって入試の難易度は変わってくると思うんだけど、それによって大学のブランド力も変わってくるのかね？

ひろ　有名大学はそのままだと思いますよ。1次試験での点数によるランク分けはこれからも残るので、今の状況が劇的に変わることはないですし。てか、思うんですけど、2次試験でのペーパーテストが廃止される目的って、人物評価重視とか、ペーパーテストで機械的に判断するのはよくないとか、そういった理由ですよね。

ホリ　そうでしょ。

ひろ　でも、そもそも未成年って人格が発展途上なので、いろんな権利が制限されていたり、親に扶養義務があったりするわけですよね。その「人格が発展途上の未成年の人間性を評価する」っていうのは、損をする人が出てしまうことになりませんかね？　人格に責任を持たなきゃいけないんだったら、もうそれは「未成年」ではないってことですし。

ホリ　あー、なるほどね。

ひろ　しかも、人物評価を重視するとなると、「大学に入学するためには人間性が大事」ってことになるじゃないですか。すると、中学校や高校が人間性まで教育する責任を負わされることになって、「人間性向上」とか「人格改造」みたいな、なんかうさんくさい内容の授業がこれから増えそうな予感も……。そんなアホみたいなことするくらいなら、今までどおり普通に勉強を教えとけよと思いますけど。

ホリ　でも、この話題は頭のいい層にはもう関係ないのかも。今はネットがつながっていれば、世界中の一流大学の講義を無料で視聴できるわけじゃん。

ひろ　ハーバード大学とかマサチューセッツ工科大学とかの授業が、無料でガンガン見られますからね。

ホリ　そうそう。

ひろ　ひとつ疑問があるんですけど、ゆとり教育って導入したのはいいものの、結果的に学力が低下しちゃったので廃止されたわけじゃないですか。今回の人物評価って、そのゆとり教育と似てると思うんですよ。こういう勉強以外のことに時間や労力を使う動きって、なんで定期的に起こるんですかね？

ホリ　ヒマな人が多いからっしょ。

ひろ　これを発案してる人たちは、「自分たちは子供の教育のために良いことをしてる」って本気で信じてるんですかね？

ホリ　まあ、学生にとってみれば、勝手に決められて後からレッテルを貼られるわけだから、迷惑な話なんだけどね。

ひろ　ゆとり教育を受けてきた人たちって、社会に出たら「ゆとり世代」とかって言われてバカにされてるじゃないですか。しかも本人たちが選んだわけじゃないから、むしろ被害者なのに。だから、この脱テスト世代もゆとり世代と同じようにバカにされ続けるのかも。なので、僕的に見ると今回もゆとり教育と同じような被害がまた繰り返されようとしているなあ、と。

ホリ　教育って、実は人生で一番大切なことなのに、それをいいかげんにやられるから、子供たちはかわいそうだよね。

ひろ　学生時代に十分な学習能力が身につかなかったら、その後の人生は相当キツいですよ。減給になったりクビになったりすることもあるわけですからね。

ホリ　だから今回みたいな「人物評価」や「人格」を押しつけるような教育システムって、やっぱ微妙な感じだってことだよね。

6 なんで「大学の卒業証書＝資格の証明書」にならないのだろうか？［2014］

ホリ　脳科学者の茂木健一郎さんがＴｗｉｔｔｅｒで予備校を批判してたよね（2014年3月のツイートで、偏差値と大学受験予備校を批判）。偏差値至上主義への批判って意味では、俺も茂木さんに全面賛成。

ひろ　うーん……。僕は、「攻撃する対象は予備校じゃないんじゃや？」って派です。予備校は大学入試に合わせて勉強を教える場所なので、この批判は画一的な入試をしている大学側に言うべきことだと思ってます。

ホリ　そうなんだけど、それって教育全体に言えることでしょ。

ひろ　世間的には有名大学の名前には価値があるわけで、それを欲しがる人が大勢いますよね。んで、その資格やブランドを得るために勉強してる人が多いっていうこと自体は、僕は問題だと思わないんですよ。

ホリ　てか、日本では東京大学以外の大学ブランドは、大して意味がないと思うけどね。もっと言えば、東大なんて簡単に受かる。

ひろ　いやいや、合格者数と全受験生の数を比較すれば、門が狭いのは明白なような……。

ホリ　信じてくれる人は少ないんだけど、センター試験とかテクニックだから。それに、『ドラゴン桜』（三田紀房氏による学園マンガ）に書いてあるような東大合格のためのテクニックを本当に実践してる人は少ないわけでしょ。

ひろ　『ドラゴン桜』でも参考書でも、言われたとおりにきちんと実践できる人って、それなりに勉強ができる人では？　んで、偏差値至上主義って話ですけど、僕は学校の先生の主観で決まる内申書（調査書）よりも、テストで決めたほうが公平だと思うんですけどね。

ホリ　俺たちは、まさに先生から嫌われるタイプだしね（笑）。

ひろ　先生に嫌われようとも、頭のいい子供はそれなりの学校で、いい教育が受けられる社会のほうがいいですよね。なので、入学基準をテストにするのは賛成です。もっと言えば、一発で決めるよりも、「ＴＯＥＩＣ」みたいに、年に何回か受けられるような仕組みのほうが、負担は少ないと思います。

ホリ　茂木さんは、「偏差値至上主義によって画一的な人間が量産される」って言いたいのかもよ。

ひろ　うーん、でも偏差値教育の最高峰に入った堀江さんだって、新しいサービスやアプリをガンガン出してるわけで、東京大学に入ったからイノベーションが起きないとか考えるのは違うんじゃないかと。つまり、高学歴といわれるような人たちには、言われたことをコツコツやるタイプの子供が多かったってことで、イノベーションの可能性と偏差値は無関係って思うんです。

ホリ　でも、今はネットで調べたり、勉強したりできるから、大学の意味はとっくになくなってるよね。学歴がなくても起業はできるし。もし俺が、今の中学生や高校生だったらｉＰｈｏｎｅアプリとか作りまくって、おもろいやつらと集まって、やりたいことやってたと思う。……って今と同じか（笑）。

ひろ　ただ、サイトや会社を大きくする上で、まともな経理や人事管理、法務とか、大学で学んだ知識を必要とする役割の人が必要になりますよね。なので結果として、大学の恩恵は必要になるかと。

ホリ　いや、いらんでしょ。経理とか簿記3級程度で大丈夫だし、弁護士も司法試験に受かればなれる。だから、必ずしも大卒ってのは必要じゃなくね？

ひろ　経理って、レシートの整理ぐらいだったら簿記3級レベルでいいですけど、上場準備とかは無理ですよね。

ホリ　上場準備って、実は簡単。博士論文でコピペするのはダメだけど、有価証券届出書のコピペは大丈夫。

ひろ　まあ、大学を卒業していなくても、社会を渡っていける優秀な人ってのは、そこそこいます。で、反対に大学の肩書なしには社会を渡っていけない人も多いんじゃないかと。だから、有名大卒のブランドを欲しがったり、いろいろ箔をつけていくんじゃ？

ホリ　でも、それは結局、箔でしかないわけで、実質的にあんまり意味ないよね。マクロで見ると〝壮大なムダ〟って話になる。

ひろ　大学でも、実学をやっているところであれば、社会で必要なスキルなのでムダにならないんですよね。でも、理工学系を卒業してるのに、プログラムができない人とか普通にいるわけで。

ホリ　大学が時代についていけないシステムになってるよね。実学は専門学校とかのほうがいいもん。

ひろ　アメリカだと、プログラムができないと単位がもらえないので、コンピューターサイエンス出身だと100％プログラムができるわけです。なので、卒業証書が実学の証明書として機能してるんですよね。日本はスキルの証明書じゃなくて、箔になっちゃってるのがヘンなのではないかと。僕はアメリカで1年、日本で3年大学に通いましたけど、アメリカではまじめに授業を受けないで単位を取るとか不可能でした。

ホリ　今の日本の大学は〝全入時代〟だからね……。

ひろ　ええ。日本の大学が「うちの理系の卒業生は、プログラムができる人しか卒業させません！」とか、文系でも「行政書士とかの資格を取れるレベルになってないと卒業させません！」ってところが出てきたら、いろいろ変わっていくと思うんですけどね。

ホリ　でも、日本の大学は、入学しにくくて、卒業しやすいってのが事実だから。

ひろ　だから、もし〝卒業証書＝資格の証明書〟になれば、大学はどこでもよくなるわけで、「地元の大学でいいじゃん」ってなりますよね。それがアメリカの大学の仕組みなんですよ。有名大学よりも、無名の小さい大学だけど、オールAで卒業したことのほうが評価される仕組みだったりします。

ホリ　日本の大学とは全然違うね。

ひろ　なので、大学に入るための偏差値がヘンっていうよりは、日本の大学自体がおかしな方向なんじゃ？って思う昨今です……。

7 ホリエモンが高校の一日校長になって「学校に行かなくてもいい」と発言。その真意とは？［2014］

ひろ　何やら、堀江さんが一日校長になったときの発言が話題になってるみたいですね（笑）。

ホリ　ああ、大阪の高校で「学校は行かなくてもいい」って言ったやつね。

ひろ　僕思うんですけど、堀江さんは東大に入れるぐらい勉強する能力があったわけですよね。そういう人って自分で勉強できるので学校に行かなくても困らないですけど、自分で勉強できない人って世の中にはけっこう多くて、そういう人は学校に行ったほうがまだマシかなと。

ホリ　え？　でも、学校で習うことって、社会に出てから使わないことだらけじゃん。

ひろ　まぁ、学校で教える内容と社会に出たときに役に立つ内容って、乖離《かいり》し始めてる気はします。小・中学校ぐらいまでは基礎だからいいとしても、高校や大学で記憶力優先の勉強をさせても、「社会に出てからどこで使うの？」ってことですからね。今どきは、暗記力がなくても知らないワードは検索して調べればいいわけで。

ホリ　そう。検索すれば出てくるんだから、暗記力は〝グーグル先生〟に任せればいいんだよ（笑）。

ひろ　それに会議もＩＣレコーダーで録音すればいいわけですし。昔は、会議中にパソコンを開いて議事録を取っていると「失礼だ」って言われましたけど、今は当たり前になっている。そんな感じで、現代は暗算と暗記を使わないで済む場面ってのがかなり多い気がします。なので、学校で歴史の年号なんかを暗記するよりも、統計とか情報収集とかコミュニケーション能力とかを育てたほうが、社会で役に立つ確率は圧倒的に高いわけですよ。

ホリ 「検索に頼るな」とか言う人もいるけど、「ググる能力」はむしろ鍛えるべきだと思うよ。それにヘンな教科書を読むくらいなら、『TED』（世界の有名人の講演を字幕付きで見られるアプリ）のスピーチ動画を見せたほうがよっぽど役に立つでしょ。だから基本的には「読み・書き・そろばん」と「ググる能力」さえあれば大丈夫。てか、それ以上必要なの？

ひろ まぁ、基礎に関しては、それで十分でしょうね。

ホリ あとは、子供たちをひとつのクラスに一緒くたにして押し込んでること自体がヘン。そのせいで小学校とかがつまんなくなってるわけだし。

ひろ 小・中学校の授業内容って、わかってる子供には無意味な時間に思えちゃいますよね。例えば、「つるかめ算」ってあったじゃないですか。僕、あれを小学校でやらされたときに、Xを使って解いたら先生から「XやYを使って計算してはいけません」って怒られたんですよね。でも、Xを使って答えが早く解けるなら、それでいいじゃんって。

ホリ それから、どーでもいいのが漢字の書き順。

ひろ 僕も書き順でよく怒られましたけど、読めるってことはそれで正解なわけで、物事を伝えるって目的は達成しているわけですよ。

ホリ そういう教育が当たり前の正義になるから、社会に出てもヘンにきまじめなやつとか、どーでもいいことにこだわるやつが多くなるんだよな。

ひろ　本当は無意味なことを〝正しいこと〟だと思い込んで、他人に押しつけているわけですからね。

ホリ　先生たちも新卒で教師になるから、社会を知らない人が多い。しかも、投資の仕方とか役立つことを教えてくれないくせに「お金は汚い」とか「貯金しろ」っていうヘンな思想を子供たちに植えつけるから、たちが悪いんだよ。

ひろ　お金にまつわる知識が少ないから、振り込め詐欺とかに騙《だま》される人が多いんですけどね。

ホリ　まあ、若い教師も自分が教わってきたことを伝えるわけだから、周回遅れの古くさい価値観を押しつけることになるんだよね。

ひろ　ただ、そもそもの原因は、個々の教員の問題だけじゃなくて教育委員会側のシステムの問題かと。指導要領から外れることが許されないので、過去の延長線上でやるしかないわけで……。

ホリ　だから、今の学校は「子供たちのことを一番に考えてないじゃん!」っていうのが現実なんだよ。

ひろ　まずは教職員が幸せでいられることが優先順位のトップにあって、その次に子供の教育って感じじゃないですかね。それで学校でイジメが発覚すると、だいたいは「学校側は把握してなかったし責任はない」って結論になるじゃないですか。

ホリ　そうだね。

ひろ　もし、学校にとって生徒が優先順位の1位なら、学校側がイジメを把握できていなかった時点で、校長や担当教員の責任問題になるはずですよね。でも実際は、学校は責任を取りたくないので「なるべく知らないほうが得」って結論で動いている。そういう意味では、今の学校は「生徒を育てる」んじゃなくて、「先生を養う」ための場所ってのは否定できないですよね。

ホリ　うん。それから、俺はイジメは絶対になくならないと思うから、今とは違う解決方法を考えるべきなんだよ。例えば、クラスっていう閉鎖された空間に押し込まれていると、生徒たちはそこにしか居場所がなくなる。それじゃあ、イジメから逃げることはできない。

ひろ　でも今は、学校に行かなくてもスマホやSNSで世界中の人とつながれますからね。

ホリ　そう。だからネットがなかった時代は学校に行ってコミュニケーションを取ったり勉強したりすることが必要だったけど、今はそうしたことがオンラインでできる。それに、むしろ同世代で固まるよりも、いろんな世代と交流を持ったほうがいいと思うんだよな。

ひろ　そうですね。

ホリ　俺が大阪の高校で「今は情報を自由に得られる豊かさがある。だから学校は行かなくていい。行動してほしい」って言ったのは、今、ひろゆきと話したような理由もあったんだけど、ちゃんと伝わってるかなあ。

8 「社員の発明＝企業のもの」にしたら、才能のある人ほど海外に行っちゃうよ［2014］

ひろ　青色発光ダイオード（以下、青色LED）の開発に成功した名城大学の赤﨑勇《あかさきいさむ》終身教授と名古屋大学の天野浩《あまのひろし》教授、青色LEDを世界で初めて製品化したカリフォルニア大学の中村修二《なかむらしゅうじ》教授が2014年のノーベル物理学賞を受賞しましたよね。

ホリ　青色LEDの量産化は偉大なる業績だと思う。まさにノーベル賞にふさわしいよ。

ひろ　ただ、世間的には「青色LEDの何がすごいの？」と思っている人は多いでしょうね。

ホリ　大半の人たちはノーベル賞はすごいとは思ってるけど、青色LEDのすごさとかってのは、どーでもいいんだろうね。

ひろ　細かいところまで気にする人は少なくて、むしろ「受賞者が日本人かどうか」ってくらいしか興味がないんじゃないかと……？

ホリ　俺も初めは青色LEDの重要性に気づいていなかったんだけど、産業化されて街の至る所で使われているのを見ると、やっぱり偉業だと実感するよね。例えば、信号機はどんどんLEDに置き換えられているし、ディスプレイの省電力化にものすごく貢献しているからね。それに、プロジェクターとかの光源にも使われつつあるし。

ひろ　ただ、報道を見ているとノーベル賞そのものより、中村さんに関する論争になっていますよね。中村さんは、海外の研究者から〝スレイブ（奴隷）中村〟なんていわれていたりしますけど、それって、かつて所属していた会社が報奨金として支払ったのが、たったの数万円だったことに由来するわけですよね。

ホリ　中村さんは、ずっと「発明の対価」に一石を投じ続けてきたけど、ノーベル賞まで取っちゃうと、世の中もさすがに認めざるを得ない風潮だよね。

ひろ　２００８年にノーベル化学賞を取った下村脩《しもむらおさむ》教授もそうですけど、アメリカの大学で研究している人ってけっこう多いですよね。中村さんはすでにアメリカ国籍なわけですし。ｉＰＳ細胞の山中伸弥《やまなかしんや》教授（２０１２年生理学・医学賞）は日本で研究をしてくれていますけど、優秀な人がどんどん海外に出てしまう国ってどう考えてもヤバいですよね……。

ホリ　そうなんだよなー。山中さんは大人な対応をしているからバッシングはされないけど、こういう天才って、基本、周りにリップサービスとかするのが嫌いだからね。てか、そもそも昔から日本社会になじんでなくて、むしろ嫌ってる人も多いし。

ひろ　まあ、社会になじんでいる人は、一般の人と同じパフォーマンスしか出せないことが多いですからね。

ホリ　政府は今後「社員の発明＝企業のもの」（※２）にするって方針らしいけど、これはマズいでしょう。

ひろ　ええ、こんなことやってると優秀な人ほど外国資本の企業や海外の大学に行ってしまうだけな気がします。ってことが、わかんないんですかね？

ホリ　てか、昔に比べて資金もかなり集まりやすいから、今なら国内にいてベンチャー企業を立ち上げてもいいわけじゃん。

ひろ　「社員の発明＝企業のもの」にしちゃう今の政府って、先が見えてるかどうか、かなり微妙ですよね。

ホリ　どういうこと？

ひろ　今の政府って、円安にすることで、輸出が増えて景気が良くなるってのを真に受けてやってみたものの、あまりうまくいってませんよね。今回の「特許権は誰に帰属するのか？」って話も、大企業は社員の発明を自社の財産にしたいって話だと思うのですが、結果としては政策的に失敗する気がするんですよ。

ホリ　才能のある研究者たちが海外に行ってしまったら元も子もないもんな。

ひろ　ええ、もうすぐ発明ができそうな段階や、特許が取れそうなときに会社を辞めてベンチャー起業をしたり、外資に転職すれば大企業にとって損ですし、もし海外に行ってしまえば日本にとっても損なわけですからね。

ホリ　中村さんのような研究者を日本にいられなくしてしまうのも日本社会のダメなところだよね。それどころか、当初は彼のことを「金の亡者」ってメディアや世間は叩いてたわけだし。

ひろ　その結果、中村さんがカリフォルニア大学に行ったように、才能のある人たちはアメリカに集まったりしてますよね。

ホリ　だから、日本もアメリカのシステムのいいところはどんどん取り入れるべきだと思うよ。

ひろ　あとは組織になじまない人を排除しないってことも大事ですよね。「和を以て貴しとなす」って考えの日本は、異分子を排除することで組織の調和を保つみたいなのが美徳になっていますよね。でも、異分子の人は三振の可能性も高いですけど、奇想天外な結果を出すので特大ホームランを打つ可能性も十分ありますからね。

ホリ　そのとおり。今回の中村さんのケースを教訓に、組織になじまない人でも普通に受け入れられる世の中をつくることが大事だと思うよ。

※2　**社員の発明＝企業のもの**

これまで発明した特許は個人のものとなっていたが、「仕事で社員が発明した特許を企業のものにできる」改正特許法が、2016年4月1日に施行された。ただし、あらかじめ社内規定などで権利の取得や対価の支払いが決められている場合に限られる。

9

「カドカワ」が通信制の『N高校』をスタート！ もう学校に通わなくていい？［2015］

ホリ　「KADOKAWA」グループと「ドワンゴ」が統合してできた「カドカワ」がおもしろい動きをしてるね。「N高等学校」っていう通信制高校を2016年4月に開校するんだよ。

ひろ　話題になってましたね。ネット上で受講できて、「プログラミング」「小説」「ファッション」など幅広い授業内容らしいっすね。

ホリ　しかも、修了者には高卒資格が与えられる。

ひろ　個人的な意見なんですけど、僕はそもそも通信制の学校に問題点を感じていて……。ものすごい優秀な人だったら通信制でもなんの問題もないと思うんですが、そうではない人が初めから通信制を狙うのはどうかなと。

ホリ　どういうこと？

ひろ　通信制の学校には、よくゲームとかアニメのクリエーターコースがあったりしますけど、この手の仕事って学校で習ったからといって、すぐに十分に食っていけるようにはならないですよね。プログラマーとしての仕事だって、今の待遇が3年後も同じかは微妙ですし。

ホリ　そう思う理由は？

ひろ　例えば、アメリカでは2000年代にインターネットバブルがあって、プログラマーの給料が高騰しました。でも、その後はアメリカ人に高い給料を出すよりも安く発注できる海外に需要が移ったんです。なので、カリフォルニアでもプログラマーをやめてスーパーのレジ係をしてる人とか普通にいます。

ホリ　それはわかるけど、どう通信制の話につながるの？

ひろ　またたとえ話なんですが、美容専門学校を卒業した生徒数と実際に食えている美容師の人数って合ってないですよね。んで、美容師はまだ資格があるので学校に通う価値があるのはわかりますけど、高卒以外の資格がもらえないってなるとなかなか厳しくないですか？　それに、通信制だと実際に人と関わることを経験できないわけですよね。

ホリ　まあ、それがいいと思っている人もいるんだけどね。

ひろ　普通の学校に通学してるといやな教師がいたり友達とケンカしたりするわけで、人間関係やコミュニケーションを自然と経験するわけです。これって意外と大事で、大した勉強をしてなくても、人間関係を学ぶ意味で学校に行くのは選択肢としてアリだと思うんですよ。で、ここで通信制の話に戻るんですが、「食っていけるような学問を習得してません」「資格もありません」「人間関係の経験も少ないです」って人が、卒業した後にどうなってしまうのか。

ホリ　でも、今どきコミュ障でも問題なく生きていけるじゃん。

ひろ　もちろんです。ただ、コミュ力はある程度あったほうがいいわけで、「こういうタイプの人には下手に出たほうがいい」とか「このタイプは正面からぶつかったほうがいい」とかの人間相手の対策って経験によるものが大きいと思うんですよ。人に好かれるタイプの人って、頭が良くなくても仕事には困らなかったりしますし。

ホリ　それはそうなんだけど、就きたい仕事によっては専門技術を学ぶことは必要だったりするよね。ゲームでもアニメでも、映画でも音楽でもなんでもいいんだけど、何かが好きすぎて勝手に知識とかスキルが上がり、気づいたら仕事にできるレベルになってたっていう働き方が理想じゃん。これからはそういう働き方が求められると思うし、そういった社会の過渡期的な形としてN高校があるんじゃない？　あと、N高校に期待してる点がもうひとつあって。

ひろ　どんなところですか？

ホリ　いわゆる「浮きこぼれ」っていわれるんだけど、いつの時代にも教師の想像を超えるほど優秀な生徒がいるわけだよね。で、そういう人は、今の学校では教室の中でつまはじきにされてしまうし、彼らはプライドも高いから自殺してしまうことだってある。そういう人たちを救うための受け皿として期待してるわけ。

ひろ　なるほど。でも、今の時代って世界中の大学の授業がネットで無料で見られたりしますよね。そんで、お金を払えば学位も取れたりするので、世界中の優秀な子はそういうのに行くと思うんですよ。

ホリ　それは知ってるし、優秀じゃなくても普通の学校教育になじめない人はたくさんいる。どっちにしても、そういう人向けのセーフティネットは必要でしょ？　そういう人たちの居場所として、命を救われるやつもたくさん出てくると思う。てか、今の学校教育の内容ってヤバいくらいに時代に合わなすぎなんだよ。

ひろ　ですね。わかりやすいところで言えば、古文や漢文とか。あれを何年も教えるくらいならプログラミングやったほうがためになるわけですし。

ホリ　もっと言えば、教師が教壇に立って授業を教える今のスタイルも変えたほうがいいかも。だって、リクルートがやってるネット予備校の『受験サプリ』（2016年4月に終了。その後は『スタディサプリ高校講座・大学受験講座』と統合）とかで十分じゃない？

ひろ　確かに教師の質もバラバラですし、「先生と合わなくて物理や数学が嫌いになった」って人も少なくないですよね。ただ、そうなると「教師の仕事がなくなって困る」っていう批判も聞こえてきそう。

ホリ　教師は授業についていけない生徒の指導補助員になればいい。そういう細かな対応は現場にいたほうがやりやすいから。

ひろ　なるほど。

ホリ　そういう感じで、今の学校のシステムはオワコン化しつつあるから、N高校の登場は期待大。きっとヘンなことだらけの今の学校のあり方を問う存在になるんじゃないかな。

第2章

「健康・食」のヘン

やっぱり好きなもの食べるのが一番
ささ どんどん食べましょう
ニコニコ
ヘンだな……
もしかしてオレのこと太らせようとしてない…?
じゅ〜
じゅ〜

10 話題の遺伝子検査。将来、どんな病気にかかるか知りたい？［2013］

ひろ　ハリウッド女優のアンジェリーナ・ジョリーが、遺伝子検査をしたら乳がんになる可能性が高いからと、乳房切除をしたそうですけど、どう思います？

ホリ　あれは先進的な選択だよね。しかも、乳房だけじゃなくて卵巣の摘出手術も受けるとか言ってるんでしょ？（2015年に卵巣と卵管の摘出手術を受けたことを発表）

ひろ　彼女って実の母親や叔母をがんで亡くしていますし、生きるための選択じゃないですか。世間的にも「アンジー、カッコいい」みたいな風潮ですよね。ただ、これが将来的に「命の格差」みたいなものを生むような気もするんですよ。検査や手術を受けることができるお金持ちは生き残る可能性が高くなるっていう。

ホリ　でも、今はがんになっても必ず死ぬわけじゃないでしょ。

ひろ　まあ、実際にがんを患いながら元気に生きている人はたくさんいますからね。でも、アンジーが受けたような治療って、かなり高額な費用がかかるじゃないですか。保険が利かない手術らしいですし。乳房を再建するための手術だって、腕のいい医者に頼めば費用はめちゃめちゃ高くなる。これって豊富な財力があるからできる話ですよね。結局は財力による「命の格差」が広がる社会になるから、それはどうかなって気が……。

ホリ　なんかネガティブだなあ。俺は単純に、病気になることがわかっているなら早めに治したほうがいいと思う。今後はこういった予防医療が当たり前の時代になってくるだろうしね。この検査や治療だって、健康保険が適用されればみんなやるだろうし。

ひろ　じゃあ、堀江さんが遺伝子検査を受けて、もし前立腺がんになる可能性があると診断されたら切除しますか？

ホリ　そうなったら、切除するかもしれない。アンジーは乳がんになる確率が87％だったんでしょ？　もし、そのくらいの確率だとしたら、取るかもなぁ……。でも、今は前立腺がんも機能の温存療法があるらしいからなあ。

ひろ　乳がんも温存療法は発達していますよね。

ホリ　そうそう。温存療法のほかにも脂肪幹細胞から脂肪を培養して乳房に注入する技術とか出てきたしね。脂肪幹細胞っていう血管とか脂肪に分化していく細胞を注入すると乳房が大きくなるんだって。もともと乳がん後の再建術として開発されたんだけど、美容整形外科では、豊胸の技術として使われていたりもするらしい。

ひろ　へー、そうなんですね。でも、僕的には発症していない段階で切除しちゃうのはどうかなあと。

ホリ　でも、そういうのって多くない？

ひろ　例えば？

ホリ　のどの扁桃腺とか。世界では割礼とかもそうじゃん。

ひろ　でも、痛いのはいやだなぁ。

ホリ　それは人それぞれだから、いいんじゃないの？

ひろ　もちろん、やりたい人はやればいいんです。でも、僕は痛いからいやだ（笑）。

ホリ　てか、俺は遺伝子検査をしてもらったことがあるからね。

ひろ　はいはい、やっていましたよね。そもそもなんで検査をやろうと思ったんですか？

ホリ　刑務所に入るからってのもあったけど、自分が本当に太りやすい体質なのかを確かめたかったんだよ。その検査結果によると、実は俺って、太る体質じゃなかったんだ（笑）。

ひろ　じゃあ、太っていたのは食生活とか日頃の不摂生のせいだったんですね（笑）。

ホリ　かもね。あとは、脳腫瘍とか膀胱がん、男性型脱毛症になる確率も低かった。逆に腹部大動脈瘤とか心臓病になる確率は高かった。あと、俺、おなかが弱いんだけど、下痢になりやすい体質っていう結果も出てた。

ひろ　おなかが弱いのは遺伝的なものだったんですね。でも、ためらいはなかったんですか？　遺伝子検査っていやな結果が出ることもあるし、自分の寿命とか将来発症する病気がわかるのが怖いっていう人も多いですよ。

ホリ　俺は後先を考えない超楽観主義だから、ためらいなんてまったくないよ。だって知りたいもん。

ひろ　僕も知りたいとは思いますけど……。

ホリ　俺が受けた検査は、頬《ほお》の内側の粘膜を少し取って送るっていうやつだったけど、検査料は20

万円くらいだったかな？　今はもっと安いんじゃない？

ひろ　検査キットだけなら数万円くらいで売っているとか。キット自体はバカ高いわけじゃなくて、検査の項目数によって値段が変わるらしいです。

ホリ　まぁ、使う器材がどんどん安くなっているからね。

ひろ　もっと安くなっていくでしょうね。しかも、こういう検査って多くの人がやればやるほど精度は上がっていくので、遺伝子治療なんかも含めて10年以内には当たり前になっているんじゃないですか？　もしかしたら、お見合いのときの必須資料になっているかも。

ホリ　はいはい。

ひろ　就職活動の場なんかでは、さすがに法律で制限すると思うんですけど、お見合いとかは制限できないですからね。「遺伝子検査の結果を持ってきてください」っていう要求を断った時点で疑われちゃうじゃないですか。事実、韓国では整形が盛んなこともあって、お見合いのときに中学校や高校のときの卒業写真を持ってこさせるらしいですよ。

ホリ　あー、なるほどね。「遺伝子の問題は努力でカバーできない部分だし、そこで判断するのはヒドい」っていう反論もあるだろうけど、その頃には当たり前のように遺伝子治療ができるようになっているだろうし。

ひろ　そうですよね。技術や価格的な面でも、遺伝子検査が普及していく流れって止まらないと思うので、20年後くらいには本当にそういう社会になっているんじゃないですかね？

ホリ　俺はそんな社会でも、全然いいと思うけどなー。

11 遠隔診療は普及するのか? 予防医学は広まるのか?［2016］

ホリ　最近、「遠隔診療」の動きが活発化してるみたいだね。

ひろ　スマホとかを使って、離れた場所にいる患者さんを医師が診療するんですよね。離島とか僻地には医者がいないところがありますけど、そういった無医村の人にとってみればすごくありがたい話ですし、僕はこの動きに賛成です。厚生労働省はもっと早くやってもよかったと思うんですけど、ようやくなんですね。

ホリ　いや、遠隔診療は最近になって始まったイメージがあるかもしれないけど、実は２０１５年あたりから事実上解禁されてたんだよ。ただ、解禁されていたものの、医療機関側が「遠隔診療は僻地とか離島とかでしか適用されない」と思ってたんじゃないかな。

ひろ　そうなんすね。

ホリ　そういう背景があったから、役所は最近になって「どこでやってもいいよ」って明示的に言ってるんだと思う。

ひろ　なるほど。

ホリ　テレビ電話的な遠隔診療もいいけど、問診とかなら90%くらいの部分は自動化できるよね。

ひろ　ええ、フローチャートをつくればある程度は診断できちゃいますよね。「体温」や「関節の痛みの有無」とかを入力すれば「この症状はただの風邪の可能性が高い」って表示されるみたいな感じで。そんで、普通の風邪とかではないときだけ実際に医師が診察するようにすれば、ひとり当たりにかけられる時間も増えますし、患者の待ち時間も減りますよね。

ホリ　今は診察のときにめちゃめちゃ待つもんなー。あれ、ものすごいストレスだもん。

ひろ　ネット予約も可能にして、待ち時間とかも表示してくれるとうれしいんですけどねぇ。

ホリ　医療機関の人たちはやる気がなさすぎ。つーか、予約があっても待たされるし。

ひろ　ま、何もしなくても病院には〝お客さん〟が来ますからね。過当競争になって病院が安売り合戦状態になるとサービスが充実するような気がしますけど、今って病院同士の競争がほとんどないですからね。それに、多くの人は病院にめったに行かないですよね。僕も病院にはめったに行かないんで、実は待ち時間が長くても個人的にはそんなに困ってなかったりもしますし。

ホリ　でも、「めったに病院に行かないから」っていう理由で、遠隔診療や待ち時間を少なくする施策をやらないってのは違うでしょ。

ひろ　まあ、身もふたもないことを言うと病院側に遠隔診療をやるメリットがあんまりないからでしょうね。「支払いはどうやってするの？」とか「遠隔で診た患者に何かあったらどうするの？」とか、デメリットはすぐに思いつくんですけど、遠隔診療をやったことで得られるメリットってすぐに思いつかないんですよね。

ホリ　そうそう。患者さん側のメリットはすぐに思いつくのにね。そこが難しいところなんだよ。

ひろ　ってことで、遠隔診療は病院や医師側にメリットがあるようにしないと結局普及しないいってことになりそうな気がします。

ホリ　だね。

ひろ　病院や医師側にメリットがあるようにするには、例えば、遠隔診療の料金を高くするということが考えられるんですが……それも難しいですよね。同じ病気の診察なのに金額が違うってヘンですから。

ホリ　そうだね。

ひろ　それに医師会って政治家に対してすごく大きな力を持っているので、医師会に逆らって患者側のメリットになる政策を進めるのは厳しいんじゃないかと。

ホリ　じゃあ、「医師会」に対抗して「患者会」をつくるしかないね。

ひろ　うはは……。でも、長期患者は入院するので、遠隔診療はどうでもいい派だったりしませんか？

ホリ　じゃあ、「患者になるかもしれない会」。

ひろ　それって、ほとんどの人が当てはまるじゃないですか（笑）。現実的には「患者になるかもしれないけど、重病で入院するわけでもない人たちの会」ですかね。てか、遠隔診療の普及に保険会社とかがひと役買ってくれないんですかね。

ホリ　無理でしょ。

ひろ　なんかとりとめのない感じなんですが、つまり遠隔診療は患者にはメリットがあるけど、医者側にはメリットがないので、はやらない可能性が高いと。

ホリ　だね。歯科は増えすぎた上に予防歯科が流行したりして、つぶれるところも出てきたりしてるんだけど、それと同じことが一般の病院で起これば遠隔診療に手を出す医者も増えそうな予感だよね。

ひろ　予防といえば、堀江さん、予防医療系のクラウドファンディングを始めたとか……。

ホリ　そうそう。胃がんの99%ってピロリ菌が原因らしいんだけど、みんな検査してないんだよね。病院に行けば誰でも検査してくれるし、もしピロリ菌が見つかっても除菌をしてくれる。

ひろ　そうなんですね。

ホリ　胃がんは防げる病気なんだけど、防げることの認知度が低すぎるの。だから、プロジェクトを支援するとピロリ菌の検査キットが入手できるクラウドファンディングをやってみたのさ（2016年4月28日、目標金額を達成し、成立）。そうやって病気になる前に対応していれば、リスクも減るし、国の医療費削減にもつながるから、やったほうがいいと思うんだよね。

ひろ　現実的には、そういう予防医療の活動のほうが国の医療費の削減に役立ちそうな感じですよね。でも、それを医師でも厚労省の役人でもない堀江さんがやってるってのが皮肉というか……。

ホリ　まあね。

12 堀江さんが、がん予防キャンペーン！ いったい、どうしたんですか？［2016］

ホリ 突然だけど、胃がんの死亡率が一番低い県って、どこかわかる？
ひろ なんとなくですけど、沖縄県ですか？
ホリ そう。食生活や気候が影響しているとか、いろいろいわれているけど、「ピロリ菌の種類が違う」っていう説が有力なんだよ。
ひろ 同じ日本でも、ピロリ菌の種類が違うんですか？
ホリ ひと口にピロリ菌といっても地域によって差がある。例えば日本や韓国のピロリ菌は、欧米と比べて強力で、胃がんになるリスクが高い。
ひろ そうなんですか!? ほとんどの人はその事実を知らないですよね。
ホリ あと、がんでいうと日本人は欧米型の食生活になったこともあって、大腸がんになる人が増えているよね。でもアメリカは逆に減っている。
ひろ それはなんでですか？
ホリ 理由のひとつは、保険会社がインセンティブを用意したから。アメリカは皆保険じゃないから、国民は民間の保険会社を利用するでしょ。そして加入者が病気になると保険会社は大金を支払わないといけないから、例えば「2年に1回大腸の内視鏡検査をしたら保険料が安くなる」とか、定期的に予防医療を受けるとお得になるプランを用意したんだよ。そういう仕組みをつくったら検査する人が増えて、大腸がんの死亡者が減ってきたんだって。

ひろ　おもしろい話ですね。保険会社はお金儲けのためにやっているんだけど、結果的にがんが減り、みんながハッピーになっていると。

ホリ　大腸がんのほかにも早期発見で治るがんは、胃がんや子宮頸がん、乳がんなどたくさんある。だから、検診を受けると保険料が安くなるみたいに金銭的なインセンティブをつけるアプローチは効果的なんだよ。今後、国が保険会社や健康保険組合と組むのはひとつのソリューションだと思う。

ひろ　日本って、なんで予防医療に予算をかけないんですかね？

ホリ　それは保険組合同士の連携がきちんと取れてないからだと思う。日本には多くの保険組合があるけど、厚生労働省はそのすべてをきちんと管轄してるわけではないからね。

ひろ　でも、国民ががんになると安くない治療費や通院費がかかるわけで、それを予防できるなら社会保障費の総額は下がりますよね。……っていうことを役人や政治家は考えないんですか？

ホリ　それは健康保険の仕組み自体に問題があるからじゃないかな。アメリカは個人が民間の保険会社に保険料を支払って、そこから医療費が出されるけど、日本は医療費のほとんどを国が払っているよね。

ひろ　そうですね。

ホリ　例えば、顧客が1000万人いる民間の健康保険会社があったとして、その社長が利益を上げようと思ったら、アメリカみたいにいろんな手を使ってでも検診を受けさせるよね。そういうふうに儲けを目的にしている民間企業なら市場原理が働くんだけど、日本は国や地方自治体など市場原理に関係ない人たちが健康保険を運営しているから、そこまで真剣に考えない。

ひろ　日本って、例えば突然がんの治療費を2倍にしても許されたりしますよね。だって患者は一部しか負担していないわけだし、もちろん医師も損をするわけではない。治療費が上がった分は、結局、国民の税金で賄われるわけですが、あまり「払っている感覚」を持ってませんよね。もちろん、医療費を減らそうと頑張ってる役人はいるとは思いますけど「減らしたら特別ボーナスが出る」とかないので、どれだけ真剣になれるのか。

ホリ　まさに、そこが構造的な欠陥なんだよ。だから、それを変える仕組みをつくりたいと思って、俺は今、予防医療の啓蒙キャンペーンをやってるんだ。

ひろ　クラウドファンディングでやってる「ピロリ菌の除菌キャンペーン」ですね。てか、ピロリ菌も天然痘みたいに予防接種とかをしたら根絶できそうですけどね。

ホリ　それができそうにないから、俺らがキャンペーンをやって、世間や厚労省が認知するレベルになったらいいなと思ってるんだよ。予防の啓蒙をゲーム感覚でやったり、検診や予防医療を受けたらカッコいいという風潮にするとか、いろんなことを試す予定。

ひろ　でも急に予防キャンペーンをやるなんて、堀江さんどうしたんですか?

ホリ　キャンペーンで病気を予防できれば、そこに割いていた研究のリソースを別の病気に割くことができるじゃん。

ひろ　確かに、原因や治療法が解明されてない病気は多いですよね。

ホリ　いわゆる難病といわれる病気以外にも、例えば、膵臓《すいぞう》がんの研究はあまり進んでなくて原因が解明されてないんだよ。しかも、膵臓ってほかの臓器に比べてバリアがないの。肺だとリンパ節に守られているし、胃も上皮組織があって、がんが深層部まで行くには時間がかかる。

ひろ　つまり、膵臓がんになると隣の組織にすぐに転移すると。予防医療の啓蒙が広まって、早くいろんな病気の研究が進むといいですね。

ホリ　うん。今はクラウドファンディングとかを利用すれば、莫大な資金がなくても啓蒙キャンペーンや予防医療の普及を進めることができるよね。社会保障費を減らすのもそうだし、それ以前に身内や仲のいい人が亡くなる悲劇も防げる。日本では胃がんで年間4万9000人くらい亡くなってるけど、防げたはずの病気で亡くなるなんて不幸なことじゃん。国が本腰を入れてやってくれないから、まずは俺がやろうって思ってるんだよ。

ひろ　なんかスゴいですね（笑）。

13 エゾシカ、ウナギ、クロマグロ……。日本人の食文化をちょっとだけまじめに考えてみる［2013］

ホリ　この間、エゾシカを撃つところを見に行ってきたんだよ。
ひろ　え？　エゾシカですか？
ホリ　クラウドファンディングで、エゾシカの生ハムを作ろうと思っててさ。その下見を兼ねて。で、解体をやらせてもらった。
ひろ　解体？
ホリ　そう。
ひろ　時間はどれくらいかかるんですか？
ホリ　慣れてる人は5分くらい。んで、北海道のシカ猟って本州のやり方とは違って、めちゃめちゃ楽らしいんだよ。本州では猟師さんが何人かで山に分け入って追い込むやり方らしいけど、北海道のエゾシカは牧草地に群れでいたりするから、車で移動して荷台から猟師さんが撃つの。猟期には1時間半で10頭くらい獲れるらしい。本州の人から言わせると〝ゲーム〟みたいなんだって。
ひろ　堀江さんは撃たないんですか？
ホリ　そこはあんまり興味ないんだよね。それに、ちゃんとシカの頭を撃たなくちゃ人間の食用にはならないから。銃弾がシカの体内に残ってると、その部分がうっ血して使い物にならないんだって。だから、体に銃弾が残ったやつはペットのエサ用になるんだってさ。
ひろ　じゃあ、食用になるやつってかなり少ないんじゃ？
ホリ　猟期だと月に600頭とか獲れて、そのうちの10％くらい。でも、有害鳥獣の駆除ってことで、自治体にもよるけど1頭につき数千円とかもらえるらしい。
ひろ　エゾシカって、有害動物なんですね。
ホリ　うん。山ほどいる上に農作物を食べちゃうからね。
ひろ　ニホンジカは２０２５年には500万頭まで増えるっていわれているらしいですよ。
ホリ　あいつら、マツタケを食うんだよな。シイタケは食べないのに……。
ひろ　グルメなんですね（笑）。でも、シカ肉ってどうなんですか？
ホリ　意外とウマいよ。だから、生ハムとかスペアリブとかカレーとかにして流通させたいと思ってる。そうすれば、害獣駆除との一石二鳥だし。
ひろ　イノシシとかクマもですけど、もともと日本人って野生の鳥獣を食う文化があったのに、そういうのがなくなっちゃいましたよね。フランス料理にはジビエってあるのに。例えば、日本でも「ピジョンのジビエです」といってハトを出せば、喜んで食べる人がいっぱいいそうな気がしますけど（笑）。
ホリ　日本のハトはあんまりおいしくないって聞くけどねぇ。
ひろ　ああ、都会に住んでいるハトは生ゴミとかを食べているのでおいしくないのかも。でも昔からスズメは食べますよね？　それとあんまり変わらない気も。

ホリ　スズメは田舎で米を食べてるからウマいんだよ。鴨とかも、酒米を食べてるやつはかなりウマいらしい。
ひろ　クジラも昔は普通に食べてましたよね。
ホリ　クジラって「尾の身」っていう、しっぽの付け根の部分があるんだけど、そこはクロマグロの大トロよりウマいんだよね。
ひろ　クジラはいろいろといわれていますけど、生息数より哺乳類ということで感情的な問題が関係しているんじゃないかと。僕はクジラよりも、今、激減しているウナギを獲ることをやめたほうがいいと思ったりするんですけど……。
ホリ　でも、近畿大学がマグロの完全養殖を実現したように、そのうちウナギも完全養殖による商業化の道を切り開いてくれるんじゃない？
ひろ　完全養殖のクロマグロって、普通においしいらしいですね。
ホリ　そう。今では、年間2000本くらい出荷しているらしい。
ひろ　まだ価格が少し高いですけど、養殖技術が進めばどんどん安くなるでしょうし。
ホリ　畜養の技術はすでにあるから、ウナギもそのうち出回るようになるでしょ。
ひろ　それかウナギを食い尽くすほうが先か……。最近のウナギって、脂が乗る前に獲ってしまうので、昔に比べておいしくないのが増えてる気がするんですよね。サバとかも漁獲量が減っているらしいですし。
ホリ　昔、漁獲量が激減したハタハタを禁漁にしたら、ある程度回復したみたいだけどね。

ひろ　ってことは、ウナギも禁漁にすべきだと？

ホリ　禁漁とまではいかなくても、コントロールはすべき。そのほうがプレミアム感も煽《あお》れるし。

ひろ　ウナギって漁獲量が少ないのに、なんで牛丼チェーン店とかコンビニで安売りしてるんですかね？　アレっておかしいですよ。

ホリ　確かに安すぎ。

ひろ　今は、絶滅の恐れがある生物を記載したレッドデータブックに掲載するかどうかという局面なのに。日本って昔はヨーロッパからウナギの稚魚を輸入してたんですけど、ヨーロッパでは絶滅しそうだからって輸出制限とか採捕制限をしたんですよ。それで、最近は中国から多く輸入していたんですけど、中国人もウナギを食べるようになってきて……。

ホリ　安く食べられることは消費者的にはラッキーなんだろうけど、高級魚は高級魚なわけじゃん。厳しいようだけど、「気軽に食えるものじゃない」ってことを意識しないといけないんじゃない？

ひろ　少なくとも、牛丼の代わりに食べるものじゃないですよね。別に、お金を持ってない人を差別するわけではなくて、高いといっても3000円くらいなんだから、年に1回、食べたいって人が食べればいいんじゃないですか？

ホリ　そうだね。

14 有名ホテルで食材偽装が！僕らは何を信用して料理を食べればいい？［2013］

ひろ　「芝エビ」と表記していたのに安い「バナメイエビ」だったり、生搾りを示すフレッシュとうたったジュースが容器入りのものだったり……。食材偽装問題（※3）が出てきてますけど、美食家の堀江さんはどう思いますか？

ホリ　どうでもいい！

ひろ　まあ、僕も同じような意見なんですけど、きちんと表示されていて、その分のお金を取っている以上、やってることは詐欺になっちゃうわけで、それはさすがにマズいと思ったりします。こういうのって、業界の慣習なんじゃないですかね？

ホリ　だろうね。だから、次々に発覚してるわけだし……。

ひろ　こんなに批判されるのは高級ホテルとか有名デパートの高級食材だからってのが大きいんでしょうね。仮に、安さが自慢のラーメン屋さんとかが偽装をしていたとしても誰も文句は言わないでしょうから（笑）。

ホリ　そもそも、なんでみんなホテルを信用するわけ？

ひろ　そりゃあ、信用するんじゃないですか。

ホリ　俺はホテルで飯を食うやつは何を考えてるんだろうって思うんだけど……。だって高い割においしくないじゃん。

ひろ　あはは（笑）。なんだろう、ホテルを利用する人は「高級ホテル」っていう〝箔〟にお金を払ってるんじゃないかと。フランスのパリにあるシャネルの本店でバッグを買いたがる人っているじゃないですか。別にどこの国で買ってもモノは同じはずなのに。それと同じで、「高級ホテルでごはんを食べる」という箔に対してお金を払っているので、「騙された！」って騒ぐんだと思いますけど。

ホリ　……ふーん。

ひろ　高いお金を払って食べているのに、違う食材で騙されていたとわかったから、怒りのエネルギーがよけい強くなってるのかも。もし、おいしくてコスパもよかったら、偽装されていてもそんなに文句を言わなかったと思いますよ。

ホリ　なんでみんな、そんなにコスパとか気にするのかね。コスパを気にするなら、ホテルじゃなくてスーパーとかコンビニの弁当でいいじゃん。

ひろ　普通の人は「コスパもよくてリッチな気分を味わいたい」って考えるんじゃないですか？

ホリ　結局、情報がないんでしょ。もっとウマい店を知っていたらホテルのレストランには行かないわけじゃん。そういう意味では、グルメキュレーションアプリの『ＴＥＲＩＹＡＫＩ』があるので、ぜひ使っていただけると（笑）。

ひろ　宣伝ですか!?（笑）。でも、おいしい店の情報ってひとりが持ってるだけではダメですよね。例えば4人組だったら、ひとりがおいしい店を知っていても、ほかの3人をなかなか説得できないじゃないですか。高級な料理になっちゃうとなおさらですよね。そうなると「有名ホテルなら名前も知ってるし……」って結論になるんでしょうね。

ホリ　だから、それがヘンだって。

ひろ　おいしい店の情報って〝誰が保証してくれるか〟が大事なんですよ。それがミシュランガイドなのか、有名ホテルという看板なのか、堀江さんなのか。この人が保証してくれるから大丈夫っていう安心感が求められるわけで。

ホリ　ちなみに、最近ホテルのロビーで打ち合わせすることが多いんだけど、確かに平日の昼間はおばちゃんたちがメチャメチャたくさんいて、喜んでランチを食べているんだよ。

ひろ　そのおばちゃんたちは、料理の質ではなく優越感に対してお金を払っているので、内容はなんでもいいんじゃないですかね？　今回の問題だって、本当に味を求めていたら、偽装が発覚する前に「ちょっと違うんじゃないか」って気づくはずじゃないですか。なのに、誰も文句を言わなかったのは、結局、味の問題ではなかったということですから。もし、今回みたいな偽装が『TERIYAKI』で紹介しているお店で発覚したら堀江さんは謝りますか？

ホリ　謝らないでしょ。俺はおいしかったらそれでいいと思うから、偽装とか関係ない。

ひろ　まあ、そうでしょうね。ただ、今回の事件を見て思ったのが、日本人の食べ物に対する異常なこだわりなんですよね。生レバーが規制されたときも社会問題になってましたし……。

ホリ　クーポンサイト『グルーポン』のおせち事件とかね。

ひろ　届いたおせちの中身が見本とまったく違うって騒動になったやつですね。

ホリ　まあ、さすがにあのおせちはひどすぎだとは思うけど。でも、食品の偽装よりもっと大事な問題が山積みなのに、こんなことがトップニュースになる日本ってやっぱりヘンだよね。

※**3**　**食材偽装問題**
2013年10月、阪急阪神ホテルズは、運営する店舗で「鮮魚」と表示しながら「冷凍品」を使ったり、「ステーキ」が「牛脂注入肉」だったり、メニューの偽装があったと発表。その後も多くのホテルなどで食材偽装が発覚し、社会問題となった。

第3章

「メディア・スポーツ」のヘン

15 月9の高視聴率も今は昔、最近のテレビドラマってどうですか？［2013］

ひろ　堀江さんって『あまちゃん』（ＮＨＫ）は見てたみたいですけど、『半沢直樹』（ＴＢＳ）は？

ホリ　時間がなくて、少ししか見てないけど。

ひろ　ってことで、今回は「『あまちゃん』の魅力は何か？」「テレビドラマの復活はあり得るのか!?」っていうテーマで話せと言われてます（笑）。

ホリ　復活も何も『家政婦のミタ』（日本テレビ）みたいに視聴率40％とか、ヒットしたドラマはたくさんあるじゃん。

ひろ　僕的には、昔みたいに「月9はみんなが見るもの」から「ヒットするドラマもあれば、ヒットしないものもある」っていうシビアな世界になったんじゃね？っていう気はしますけどね。『あまちゃん』も『半沢直樹』も見てない僕の意見ですけど（笑）。

ホリ　そもそも、決まった時間にドラマを見るっていう視聴習慣が時代遅れでしょ。今どき夜9時のドラマを毎週リアルタイムで見てる人って、相当、ヒマな人だと思うんだけど（笑）。

ひろ　まあ、ＮＨＫの連続テレビ小説は、なんとなくつけて見てるって人が多いと思いますけど……。朝は夜に比べて見やすい環境でもあるわけですし。

ホリ　それはあるかも。『あまちゃん』の前に放送していた『純と愛』とか『梅ちゃん先生』『カーネーション』なんかも高視聴率だったし。てか、NHKの連続テレビ小説のいいところって15分で放送が終わることでしょ。俺は「ガラポンTV」っていう8チャンネル×2週間分のワンセグ放送を全番組録画してくれる録画機を使ってて、スマホで録画を見てるんだけど、ゴルフ場の待ち時間とか移動中などのちょっとした時間に『あまちゃん』をチェックしてる。そう考えると、普通の50分近くあるドラマって長いんだよね。コンテンツとしてちょっとキツい。

ひろ　YouTubeでも、3分以内の動画って再生率が高いんですよね。

ホリ　だから、今後のテレビドラマは〝NHK連続テレビ小説方式〟を採用したほうがいいかも。

ひろ　1時間よりも30分、30分よりも15分ってのがドラマのフォーマットとして見やすいですからね。

ホリ　それに、『あまちゃん』って放送時間は15分なのに、2日に1回は泣けるほど内容が濃いんだよ。俺、刑務所で『JIN―仁―』(TBS)を見てたけど、前半10分は前回のダイジェストで、CMを抜くと実質30分くらいしかない。あれはもっと圧縮して15分にまとめることができると思うんだよな。

ひろ　シーンを引き延ばしてるってことですね。でも、それをなくすにはNHKみたいに潤沢な予算がないと難しかったりしません？　あらかじめ決まっている予算でドラマを制作しなくちゃいけない状況だと、厳しい気が……。

ホリ　それならスポンサーに頼らず、製作委員会方式で放送枠を買い取ればいいじゃん。コンテンツとしての2次利用や3次利用を考えると十分に採算は取れるでしょ。

ひろ　まあ、そうですね。製作委員会方式にしたら、制作費はDVDやグッズの売り上げで回収すればいいので、極端な話ですけど1話の制作費に1億円かけてもいいわけですからね。実際、アニメなんかは製作委員会方式が多いですし。

ホリ　そうそう。大阪のテレビ局でも深夜の時間帯を売っていたりするし、ほかのテレビ局にも徐々に広がっていくんじゃない？

ひろ　でも、爆発的にヒットするようなケースがないと厳しいかも。アニメ以外では爆発的なヒットが生まれてないのが現状ですし。

ホリ　それは、すぐに出てくると思うよ。例えば、ドラマ『闇金ウシジマくん』（TBS）は製作委員会方式だから。まあ、『ウシジマくん』の場合は、原作のマンガにファンが多かったから、やりやすいっていうのがあったけどね。

ひろ　あらかじめファンがいるって意味だったら、『あまちゃん』の脚本家である宮藤官九郎もそうですよね。それにクドカンって、要所要所にいろんなおもしろネタをちりばめるタイプの脚本家ですよね。例えば、「ここで松田聖子を呼んだら絶対におもしろい」ってなったとき、民放では予算的な都合で無理だったけどNHKならできるようになったと。

ホリ　なるほどね。

ひろ　なので、『あまちゃん』のヒットは、NHKの資金力とクドカンのアイデアの賜物なんじゃや？　スターやメジャーな人がたくさん出るだけでも話題にもなりますし。

ホリ　それはあるよね。視聴者層とか考えたら橋幸夫とかピッタリだもん。

ひろ　そう考えると、ＮＨＫのプロデューサーさんが賢かったのかも。クドカンが「おもしろい」と思うアイデアに賭けて、見事当てたわけですもんね。これまで〝サブカルの監督に資金を与えるといいものを作る〟ってケースは映画の世界でもありますよね。クエンティン・タランティーノとか『ロード・オブ・ザ・リング』のピーター・ジャクソンとか……。ピーター・ジャクソンって、もともとはカルト映画を撮ってましたから。

ホリ　なるほどね。だから、これからはスポンサーに頼らず、「おもしろいと思ったものにみんなでお金をかけよう」っていう製作委員会方式が主流になるはずだよ。今はバラエティ番組でもやってるみたいだし……。

ひろ　シンプルな話ですからね。

ホリ　そう。今後は製作委員会方式でスマホ用とかに15分程度のドラマが作られて、２次利用、３次利用を考えた売り方が広がっていくんじゃないかな？

16 まだまだ学生には人気があるけれど、今後のテレビ局ってどうなる?［2014］

ホリ　「テレビ局＝勝ち組」って、もう時代遅れの概念だと思うんだけど、民放キー局内定者たちが集まって「オレたちって、すごくね?」と自信満々に会話していたっていう記事が話題になってるよね。

ひろ　一応、記事の内容を補足しておくとキー局の内定者飲み会が都内で行なわれ、その席で「この飲み会にどうして週刊誌が来ないんだろう。オレたちがこれからの報道の中心を担うメンバーだから、週刊誌の記者がいたらいい記事が書けるのに」と言ったらしいんですけどね。

ホリ　つーか、テレビ局に入る実力があるんだったら、若い頃にわざわざこき使われるような仕事をすることたぁないと思うんだけど?

ひろ　なんというか、僕は、この記事が話題になってること自体が興味深くて。15年ぐらい前だと「そーだねー、うらやましいねー」って反応が多くて、残りは嫉妬とかだと思うんですよね。ところが、今回の反応を見ていると「今さらテレビ業界に入って喜んでるとかって、ププッ」みたいに彼らをバカにしたような反応がけっこう出てるってのがすごい変化だなぁと。

ホリ　それだけテレビ業界が斜陽産業ってことなんでしょ。

ひろ　高齢者とか一般の人にとって、テレビは相変わらずメディアの王様ではありますけど、ネットニュースを見ている層や、スマホ世代には斜陽産業だと思われちゃってるんだなぁと。そういう人って、ほとんどテレビ見ないですからね。
ホリ　そうそう。テレビ番組に出演しても、ソーシャルメディアでは驚くほど反響がなくなってるもん。しかも、ニュースもネットから得るようになってるし。
ひろ　人気のテレビ番組も、誰かがＹｏｕＴｕｂｅにアップするのを待ってから見るみたいなことも増えてますよね。んで、ネットで見られちゃうので、テレビのリアルタイム放送が情報入手の手段ではなくなっている世代がけっこうな割合で増えていると。
ホリ　だからテレビも、早いとこ有料課金でタイムシフト視聴をやればよかったんだよ。
ひろ　そうなんですよね。ＹｏｕＴｕｂｅに違法アップロードされるくらいなら、月額５０００円で過去の放送も全部見られるサービスをつくればいいのに。
ホリ　１ヵ月間のタイムシフト視聴でも加入する人いるでしょ。
ひろ　なので、ＹｏｕＴｕｂｅにテレビ局の公式チャンネルを作ってる場合じゃないだろ……って思いますけどね。アメリカでは、テレビ局が動画サイトのＨｕｌｕに有料でドラマを流したりしてますけど、日本のテレビ局も長期的にはネットで再放送って方向に向かうべきだと思うんですよね。
ホリ　海外でもテレビ局のプラットフォームは縮小してるんだよね。
ひろ　ええ。なので、ＨｕｌｕやｉＴｕｎｅｓ、Ｇｏｏｇｌｅ　Ｐｌａｙにどんどんコンテンツを提供してますよね。それに、ＦａｃｅｂｏｏｋやＬＩＮＥとかは、世界をターゲットにしたプラットフォーム合戦をしてるんですよ。この状況では、テレビ局はコンテンツを提供する一事業者でしかないというポジションですよね。昔ってテレビ局が地主で、テレビ制作会社という小作人が育てたものを放送することで大儲けできていたんですけど、今はテレビ局がコンテンツを作って、ネット企業に流すという小作人になりつつある。

ホリ それに、リモコンには1から12までのボタンしかないから、テレビ局は〝リモコン利権〟に守られているって状態だけど、技術が進歩してリモコンが必要なくなったら弱体化していくんじゃないかなと。

ひろ んで、テレビ業界は、テレビを見ながら同時にネットが利用できる「スマートビエラ」のCMを各社横並びで放送拒否して、時代遅れの鎖国みたいなことで延命を図ってるんですよね。世界は鉄砲と大砲が主流なのに、鎖国しているせいで刀が最強だとみんなで思い込んでるみたいな。しかも、刀が最強だと思ってる新入社員を雇用してたら、そりゃダメになるよね……と。

ホリ なんつーか、後ろ向きだよな。もっと建設的に考えればいいのに。

ひろ 造船業界みたいに〝後ろ向きな戦いをせざるを得ない状況だとわかってて撤退戦をやってる〟ならまだわかるんですけど、テレビ業界の人たちは、撤退戦になってることすらわかってない。スマートビエラの足を引っ張れば、テレビ業界は安泰だと思っちゃってるんでしょうね。

ホリ テレビ局員自身はどーよ？

ひろ 内定者たちは「これから日本の報道の中心を担うメンバー」なんて言っているみたいですけど、STAP細胞への指摘ってネットから始まっているんですよ。んで、一方のテレビはかっぽう着とか「リケジョ」とか、どうでもいい話題を取り上げていたわけです。オリンパス事件を暴いたのもテレビじゃなくて雑誌ですから。

ホリ　でも、テレビ局が就活生に人気なのは事実じゃん。

ひろ　ただ、大学生の就職企業人気ランキング上位の企業って、だいたい5年か10年ぐらいで高い確率で没落するんですよね。

ホリ　ま、学生より両親の人気ランキングだからね。

ひろ　親や親戚に通りがいい企業って、伸び盛りを終えた企業ですしね。そんなわけで、「テレビ局に入るから俺たちは偉い」って考えるようなタイプの人は、会社を育てるんじゃなくて、会社のブランドにぶら下がりたいタイプが多い気がするので、テレビ局も大変ですね……と思っちゃうんですよね。んで、内定者たちが自分たちが「メディアの王様」だと思ってる一方で、目端の利く若い人たちは「テレビって遅れてるよね」と思っていて、両者の間はどんどん広がってくと思うのですよ。

ホリ　若い世代でも、これだけ考え方に開きがあるって、なんかヘンというか、ちょっとおもしろいよね。

17 「テレ東」に視聴率で抜かれた「フジテレビ」。その理由はなんなのか？［2016］

ホリ　フジテレビの視聴率低迷がかなりヤバいらしいね。2004年から7年連続で、視聴率の「三冠王」（ゴールデンタイム・プライムタイム・全日）を獲っていたのに、今では見る影もなくなってるね。

ひろ　最近はフジテレビに関していいニュースって聞かなくなりましたよね。2015年11月末には、キー局で「万年最下位」といわれていたテレビ東京にもゴールデンタイムの週間視聴率で負けたらしいですし。そんで、この低迷の原因を語ったフジテレビ社長の発言がまた話題になってます。

ホリ　「低迷のきっかけは3・11」ってやつでしょ？　まさか震災のせいにするとは……。

ひろ　発言では、震災以来、日本の意識は変わったらしく、世間にフジテレビの浮世離れしたお祭り感が受け入れられなくなったとか。でも、どうなんですかね、ネットではそのお祭り感を「震災以前からフジテレビのバブル的なノリは時代遅れだった」なんて批判もあるみたいですけど。

ホリ　フジテレビがダメになった理由って、割と簡単じゃない？

ひろ　お、というと？

ホリ　例えばさ、フジテレビって是が非でも俺を番組に出演させようとしないじゃん。そういった

〝ヘンな頑固さ〟が低迷の一因になってるんじゃないかな。

ひろ　堀江さん、フジテレビ以外のキー局の番組に出まくってますもんね。

ホリ　あと、フジサンケイグループからも締め出されてる。以前、『夕刊フジ』からインタビューのオファーがあったから快諾したんだけど、ドタキャンされた。それに、あれだけ誌面に登場して連載もやってた『週刊SPA！』にもずっと出てないね。

ひろ　徹底的っすね。

ホリ　ここまで意固地になるのは逆にすごいよ。普通に考えて、業界最高レベルの年収と退職金を捨てる覚悟のあるサラリーマンはいないよ。んで、そんなサラリーマンが視聴率を回復させるような思い切った施策を打てるはずがないんだよね。それに、そういう経営陣を退陣させられない株主たちにも問題はある。まあ、そんな株主しか残らないように放送法を改正させたんだろうけど。

ひろ　ライブドアの買収騒動の後、すぐさま特定株主の持ち分規制など、放送法が変わりましたもんね。

ホリ　どう考えてもフジテレビの経営戦略は間違ってるよ。ってことを10年前からずっと言ってるんだけど一向に変わんないね。

ひろ　視聴率の話題でいうと、「低迷したのはラテ欄の配置のせい」っていう説もありますよね。地デジ移行時に8チャンネルにこだわったせいで、ラテ欄の真ん中から隅っこに移動してしまった。その後、フジテレビは低迷して、代わりにラテ欄の中心に来たテレビ東京の視聴率が良くなった。

ホリ　ラテ欄以外にも、リモコンのボタン上でも8チャンネルは不利だよね。ザッピングしながら見ている人もまだまだ多いし、1チャンから順番に見ていくと最後になるわけだから。

ひろ　〝なんとなくテレビを見ている〟人たちの比率はけっこう高いので、この説の信憑性は割と高いと思うんですよ。

ホリ　俺もそう思う。だから、本来は3チャンネルを取るべきだったんだよ。なんであんなに「8」にこだわったんだろう？

ひろ　不利な8チャンネルにこだわったみたいに、合理的じゃない判断をする組織は間違いを正すことも難しくなっていくんですよね。「すべての判断は合理的であるべき」っていう前提が崩れちゃうと、間違った判断をしていても追及できなくなりますから。

ホリ　それは、まさにフジテレビのことだと思う。

ひろ　この状態が続くと、内部の人は「どうせ何を言っても聞かないから、ほっとけばいい」みたいな無力感にさいなまれていくわけです。

ホリ　そうだね。

ひろ　ほとんどの場合、上司の決定を批判することは上司を否定することになるので、間違いを指摘した人は上司から嫌われたり、ねたまれたりする。誰もやりたがりませんよね。

ホリ　だから視聴率低迷は、自業自得だと思うんだけど。

ひろ　間違った判断を訂正するのってものすごいエネルギーがいりますし、そんなエネルギーを持っている人はフジテレビ内にほとんどいないんでしょうね。では、フジテレビを買収しようとしていた堀江さん的には、どうすれば立て直せると思いますか？

ホリ　まずは経営者を替えることじゃない？　リーダーが替わるだけで組織は見違えるように変わるから。

ひろ　とりあえず、低迷を震災のせいにしちゃうような考え方の人は替えたほうがいいと……。

ホリ　そもそも経営は結果がすべての世界だから。でも、たとえ現社長が辞めても院政は続くだろうし、その後任はまたフジテレビの人間になるわけでしょ。そうやって生え抜きとかにこだわると絶対いいことはないと思うよ。

ひろ　まあ、経営者を外部からヘッドハンティングしてくるなんてことはないでしょうね。

ホリ　なんというか、やってることがダメな日本企業の典型だから、そりゃあ低迷するわって思うよ。うまくやればビジネスを拡大できるチャンスがあるだけに、本当にもったいないよね。

18 Jリーグが外資参入を容認。それで魅力が高まるなら全然いい！［2015］

ホリ　今まで外国資本系企業の参入を認めていなかったJリーグだけど、２０１６年から外資系企業のチーム運営を認める方針になるらしいね……今頃になって。

ひろ　ええと、情報を補足しておくと、ルールの解釈を変えたってことなんですよね。外資系企業がクラブの株式を過半数保有したらダメだったのですが、日本法人を設立すれば規約違反にならないという解釈になった、と。

ホリ　なんにせよ、とにかくこれは英断だよね。アジアの、特に中国企業なんかは日本のクラブ取得を狙っているはずだもん。Ｊリーグはインフラや歴史、ファンの数を見ても、アジアナンバーワンのリーグであることは間違いないわけだし。

ひろ　ただ、海外の企業が「日本を長期的なマーケットと見なすか？」という素朴な疑問はありますけどね。

ホリ　でも、例えば、チームに莫大な投資をして運営資金が潤沢になれば、有名選手を呼び込めるし、専用スタジアムや設備も整備できるよね。間違いなく盛り上がるし、その放映権をアジアや世界に売ることができれば投資価値は急上昇するんじゃない？（２０１６年7月、Ｊリーグは動画配信サービスの『ＤＡＺＮ』と10年間、２１００億円で放映権契約をした）

ひろ　でも、外資系企業が外貨を投入して日本に資産を持っても、円安になった途端に価値は下がる可能性が高いですよね。

ホリ　とはいってもＪリーグ自体の魅力が高まれば、外貨を稼げるわけだし、あまり関係ないと思うけど？

ひろ　まあ、海外チームから招聘されて、外貨を稼ぐくらいのチームになってくれればアリですよね。今のまま国内資本だけで運営していると、海外で稼げるチームになるのはかなり難易度が高いわけで、外資を入れることでそれが可能になるのはいいと思います。

ホリ　そういう面も含めて、今回の動きによっていい意味でＪリーグがガラリと変わっていくと思うなー。

ひろ　今って、オリンピックやワールドカップなどの日本代表戦は見ますけど、国内の試合はあまり見られてないですからね。ニワカファンには、水戸黄門みたいな時代劇と一緒で、「どっちを応援すればいいのかわかりやすい」ってのが重要な気がします。

ホリ　有名選手が来れば、テレビで試合を見る人やサポーターも増えるでしょ。イングランドのプレミアリーグ所属の「チェルシー」は外資参入で予算が爆発的に増えて、ビッグプレーヤーをどんどん獲得したわけだし。それに、アメリカのメジャーリーグサッカー（ＭＬＳ）は今やＪリーグと同じくらいの規模らしいよ。なんかベッカム効果があったみたい。

ひろ　外資参入って世界的な流れだったりしますよね。プレミアリーグの「マンチェスター・シティ」も中東マネーが入ったことで２度もリーグ優勝しているらしいです。んで、このチームは選手の年俸だけで約424億円で、一方のJ1チームの平均予算は30億円とかですし……。

ホリ 2015年の5月にはマンチェスター・シティも傘下に収める企業が横浜F・マリノスに出資してるんだよね。こういう動きはウエルカムでしょ。

ひろ Jリーグって、これまで「読売ヴェルディ」が「東京ヴェルディ」になったりと、企業色が出るのをいやがっていましたよね。でも、大資本が入るとなると、企業の広告宣伝費を期待しなきゃいけないわけで、そこらへんがどう変わってくるのか、僕的には楽しみだったりします。

ホリ でも、外資が入るとなるとゴタゴタ言う人が出てくるもんで、俺がTwitterで外資参入に肯定的なことをつぶやいたら、熱心なJリーグファンがしつこく絡んできたりした。

ひろ 「自分の愛するJリーグが外国企業に侵される」的な発想なんでしょうかねぇ。

ホリ 理解不能だよ。でも、それでチームは強くなるし、リーグ自体が盛り上がると思うんだけど。

ひろ 商業化すると必ずアレルギーを出す人がいますよね。でもオリンピックも商業化してからのほうが人気出てたりするんですよ。

ホリ 〝嫌儲《けんちょ》〟ってやつね。思考停止してるんでしょ。

ひろ 「おらが町のチームでいてほしい」とかなんですかね? そういう人は、MLBの「シアトル・マリナーズ」の筆頭株主が任天堂であることもNGなんですかね?(2016年4月、任天堂は保有株の大半を売却する方針を発表)。でも、日本のプロ野球だって、読売新聞が新聞の販売促進のために投資しまくったみたいなところもありますし、それでもファンは多いですよね。そもそも世界のサッカーや野球は巨大な資本が動いているビジネスなわけで、そのなかで勝ちたかったら同じ土俵で勝負するしかないですよね。弱くて、なかなか勝てないチームでもかまわないのであれば、それでもいいですけど。

ホリ　まあ、アマチュアの団体にも利権はあるから。儲からなくても、それはそれで〝ちっちゃい名誉〟という利権が生まれて、その名誉に依存して生きてる人はそれを必死に守ろうとする。

ひろ　堀江さんの言う、ちっちゃい名誉っていう既得権益を守りたい人は、外資には反対なんすかね。

ホリ　そらそうだろうな。彼らにとって一番大事なことはチームが強くなることじゃなくて、自分たちのプライドを守ることだから。

ひろ　Jリーグ側が外資参入という規制緩和を行なったのは「観客動員やスポンサー収入が頭打ちになりつつあったから」っていうのが背景らしいですしね。ってことは、現状、Jリーグは背に腹は代えられない状況ってことかと。

ホリ　債務超過追い出しルールとかもあったりするし、このままやっててもラチが明かないと思ったから規制緩和したんでしょ？　外資を入れずに日本のサッカーを盛り上げる方法なんてほとんどないんだから、四の五の言う必要はないと思うんだけどね。むしろJリーグを愛するサポーターほど、今回の規制緩和は賛成すべきだと思うんだけど、そう思うのはヘンなのかね？

19 堀江貴文がアドバイザーに就任。Jリーグの未来構想をまじめに語る！［2015］

ひろ　ネットニュースで知ったんですけど、堀江さん、Jリーグのアドバイザーになったらしいですね。

ホリ　そうなんだよ。おもしろそうだから引き受けてみた。

ひろ　どんなことするかとか、もう決まってるんですか？

ホリ　いや、まったく（笑）。どれくらいのペースで会議するかとかも未定。でも、その緩さがいいよね。

ひろ　堀江さんは「Jリーグをイングランドのプレミアリーグみたいにしたいと思ってる」って言ったと聞いたんですけど、そうなんですか？

ホリ　そうだよ。〝ごはんがおいしいプレミアリーグ〟的な位置づけがいいと思ってる。日本の料理店のレベルは世界でもトップクラスでしょ。それにJリーグはレベルの高いサッカーリーグってことで、海外の観光客からの人気が高いんだよね。

ひろ　海外からの観光客をもっと集めようってことですね。

ホリ　そう。これから東南アジアやインドが経済発展していくのは間違いない。すでに発展している中国もそうなんだけど、こういう国でもサッカーは大人気。

ひろ　なるほど。

ホリ　15年くらい前から、中国とか東南アジアが経済成長するのは明らかだったのに、今まで手を打ってこなかった。逆にプレミアリーグは、中東とかロシアとか経済成長しそうな国を予想して売り込みに行っていた。だから、それらの国の金持ちがこぞってプレミアリーグのチームオーナーになりたがってるでしょ。

ひろ　実際にトップチームのオーナーは、ロシアや中東の大富豪ですからね。

ホリ　でも、アジアの人たちにとってヨーロッパはやっぱり遠いから、実際に見に行くとなると日本が一番。

ひろ　そうでしょうね。

ホリ　食べ物もおいしいし、いろんなエンターテインメントもある。歴史や文化もあるし、治安もいいから人気も高い。だから、観光して、買い物して、ウマいもの食って、サッカーを観戦して帰ると。そのへんを踏まえると、アジアのサッカーリーグの中でもJリーグは一番存在感を出せるリーグだと思うんだよね

ひろ　でも、それは急がないと間に合わない可能性が高いですよね。

ホリ　だね。アジアの国々のリーグが成長して、あっという間に抜かれる可能性は大いにある。実際に、中国のプロサッカーリーグに所属する「広州恒大」はIT企業の「アリババ」とかが数百億円も注入してるから「AFCチャンピオンズリーグ」の優勝争いの常連になってる。だから、Jリーグも今から本気で営業しないとマズい。あとは優秀な選手をもっと獲得すべきだと思う。

ひろ　というと？

ホリ　アメリカのメジャーリーグサッカー（ＭＬＳ）はすでにやってるんだけど、特別指定選手制度（ＭＬＳは給与制度だが、ベッカムなどの有名選手には高額な年俸を支払うことが可能）をつくるなど集客が見込める有名選手の獲得をリーグが全体で考えている。東京は家族が安心して暮らせて、ごはんもウマいから「外国でプレーするなら東京がいい」と言ってる世界の有力選手は多いんだよ。

ひろ　だから、うまくいけばプレミアリーグのような存在になれる可能性はあると。

ホリ　ヨーロッパのリーグを超えることも夢じゃないと思う。

ひろ　そのへんのことはＪリーグの人たちは理解してんですかね？

ホリ　少なくともチェアマンの村井満《むらいみつる》さんは理解してるね。だから俺とか夏野剛《なつのたけし》さん（実業家）みたいなサッカーの門外漢をアドバイザーに入れたんだろうし。

ひろ　ネットの反応を見ていると堀江さんたちに期待する声がある一方で、熱狂的なサポーターからの反発もあるみたいですね。外国人選手を増やすって話には「ＪリーグのＪの意味わかってるのか？」とか「素人のおまえにサッカーの何がわかるのか」とか。

ホリ　確かに俺はサッカーの専門家ではないよ。でも、こういう組織ってそのスポーツに詳しい人たちで占められることが多いから、まったくの門外漢が入ることで新しい発想や動きにつながるのも事実なわけじゃん。

ひろ　そうですね。何もしない人がアドバイザーとか理事になると反発はないですよね。それって無害だからなんですけど、何もしないで時間ばかりが過ぎていって手遅れになることでもある。

ホリ　夏野さんも「国内のサッカー好き向けにやってたら、尻すぼみになっていく」って言ってたけど、そのとおりでしょ。

ひろ　今の日本のサッカーファンという限られた人数を食い合うと、縮小再生産せざるを得ない。となると「チーム数を減らそう！」って話にしかならないと思うんですよ。まあ、どっちを選ぶかですよね、縮小していくのか、もっと盛り上げていくのか。ほかの国からお客さんを引っ張ってくるって話なら、サッカーに詳しい人だけが集まってもしょうがないですからね。

ホリ　だから、「素人のおまえにサッカーの何がわかるのか」とかって意見はヘン。

ひろ　なんか、ここまで聞いていると、軽く受けた割には荷が重そうですね。

ホリ　そう？

ひろ　けっこうミッションがしっかりあるんだなぁと。こういう組織のアドバイザーって、話題性のために有名人を引っ張ってくるだけのパターンもありますよね。「一日警察署長」みたいなお飾りの感じで、特に何も期待されてないみたいなことが多いじゃないですか。

ホリ　あー、もちろん、そんなんじゃないから。しっかりやっていく予定だから。微力かもしれないけど、できる限り頑張るつもりだよ。

ひろ　期待してますよ。

20 2020年東京五輪開催！ そのとき、日本はどうなっている？［2013］

ホリ　オリンピックの東京開催が決定して、世間的にもかなり盛り上がってるね。ちまたでは、「経済効果3兆円」なんていわれてたりもするけど、東京開催についてどう思うよ？

ひろ　まあ、決まった以上は賛成っていう立場です。

ホリ　てことは、決定する前までは反対だったってこと？

ひろ　ええ。だって、東京は費用対効果が悪いじゃないですか。例えば、発展途上国などのインフラが十分に整っていない国は、オリンピックのために建設したインフラがその後もちゃんと利用されるので、投資に対してのリターンも大きいわけですよね。でも、東京はすでにインフラが十分に整っている都市なわけで、「これ以上必要なの？」って思ったりするので。

ホリ　まあ、オリンピック会場が数年後に廃墟化するってこともあるからね。実際、長野オリンピックの会場とか、ほとんど使われてなかったりすることもある。

ひろ　同じように、東京にも新設はしたものの使われなくなる施設が出てくんじゃないですかね？

ホリ　でもさ、オリンピックが決まって、みんなの気持ちが高揚してるわけだし、盛り上がるのはいいことだと思うんだよね。インフラ整備だって、東京都は公共投資する余力は十分あるわけだから。

ひろ ムードや気持ちが盛り上がれば税金がいくらかかってもいい、ってのはちょっと違うんじゃ?

ホリ でも、オリンピックが決まったからって税金は上がらないでしょ。

ひろ 税率が上がらなくても、税金を使うって意味では一緒だと。

ホリ 今の日本って、地方にこれ以上投資してもあんまり意味がないけど、東京は投資に対するリターンが明らかに高いでしょ。どうせオリンピックが来なくても国の資金は田舎のインフラに投資されてしまうんだから、それが東京に集中的に投資されるのは結果的にいいこと。それにオリンピックをきっかけに都内の古くなったインフラの更新も狙ってるんじゃない?

ひろ でも、東京都がマンションを造って売るのは単に民業圧迫なような……。

ホリ どっちにしろ、耐震とか古いインフラの更新はいつか必要になるんだから、そういう意味ではオリンピックはいい機会だと思う。耐震構造を持つ住宅への住み替えを促進するとか、そういう側面もあるはずだし。

ひろ 選手村は中央区の晴海に建設されるらしいですけど、晴海って埋め立て地ですよね。耐震を考えるならそれはどうなの?って気が。

ホリ もし震災が起きても、倒壊まではしないでしょ。液状化はあったとしても。むしろ、下町に人口が集中してるよりいいんじゃない? 土地の狭い東京に埋め立て地以外の候補はないわけだし、そりゃ仕方ないと思うけどね。

ひろ 埋め立て地を使わなくても、八王子とか西東京の土地は安いですけどね……。

ホリ　いや、八王子は遠いよ。通勤とかかなりめんどくさくなるでしょ。

ひろ　乗車時間が30分増えても、始発で必ず席に座れて家賃が半額になるなら、引っ越す人も増えると思いますけどね。知り合いに小田原から新宿まで1時間かけて通勤している人がいますけど、必ず座れるので、本を読んだり車内で仕事したりとけっこう快適らしいですよ。これを機会に地下鉄の24時間化を行なえば郊外の快適な家で暮らすって人も増えるんじゃないかと。

ホリ　ほかにオリンピック関連のニュースだと、8K（フルハイビジョンの16倍の画素数の高精度）テレビとかカジノ解禁なんかも話題になってるけど、うだうだ言わずに8Kテレビもカジノもみんなやっちゃえばいいじゃんって俺は思うけど（笑）。

ひろ　いやー、オリンピックの頃は4K（フルハイビジョンの4倍の画素数）テレビがギリギリじゃないっすかね？　んで、カジノを解禁することで外国人の客単価は上がると思いますけど、ただでさえオリンピックで混んでいる時期の東京にカジノのためだけに来る人はあんまりいなそうな気が……。もちろん、やれるのであれば、堀江さんが言うようにオリンピック前に早くやったほうがいいのは確かですけどね。遅くすることにあんまりメリットはないので。

ホリ　そう、やっちゃえばいいんだって。

ひろ　んで、オリンピックの開催に合わせて多くの外国人も日本を訪れるわけですから、日本の無料Ｗｉ－Ｆｉの普及率は改善したほうがいいかも。海外からの旅行客が日本に来て今一番驚くのが無料Ｗｉ－Ｆｉの少なさだったりしますから。

ホリ　経済的なメリットを重要視するなら、そういったのも大事になるだろうね。

ひろ　ほかには、猪瀬直樹元知事が「オリンピックまでに横田基地の軍民共用化を進めたい」って発言していましたけど、横田基地の空域開放なんかもカジノと同じで政治的な部分で止まっている話だったりするので、オリンピックを機に外圧をうまく利用できるといいですけどね。

ホリ　安倍晋三首相の覚悟次第な部分も多い気がするけどね……。

ひろ　どちらにしろ、法案を押し通すための大義名分があったほうがいいじゃないですか。オリンピックがあれば、かなり押し通しやすくなるんじゃ？　カジノに関しては、石原慎太郎元都知事みたいな行動力のある人でも実現できなかったので、ものすごい障壁や何か理由があるのかもしれないですけどね。まあ、僕は東京開催が決まった以上は賛成って立場だし、世間的にも盛り上がっているみたいですけど、なかには「オリンピックに使う金とヒマがあるなら福島にも目を向けろ！」っていう意見がチラホラとあるみたいで……。

ホリ　つーか、この手の話になると過剰に福島の話をしまくる人っているよね。

ひろ　多額の予算を使う話になると必ずいますからね。東京オリンピックは震災の前からいわれていたことですし、それとこれとは関係ないはずなんですけどね。

ホリ　そもそも東京開催をきっかけに経済が回れば、税収も増えるわけだし。

ひろ　ええ。むしろ、原発のことを過剰に取り上げると海外からの旅行客が減るじゃないですか。それが回り回って税収が減り、復興予算に影響するんだったら、ただの損なわけですよね。損をして復興が遅れてもいいから福島に注目を集めたいっていうのはヘンですよね。

ホリ　俺もそう思う。

ひろ　だから、ただ福島に注目を集めたいっていう人たちが感情的になって、過激なプロモーションをしなければいいんですけど。例えば「この料理は福島産の食材で作られています」みたいな。

ホリ　それ、絶対にやる人いるでしょ。

ひろ　ロシアに旅行に行って「これはチェルノブイリの近くで採れた野菜なんです」と言われて料理を出されたら旅行者はどう思うか。まあ、オリンピックが開催される頃には、ある程度の結論が出ているかもしれないですけど。

ホリ　いや、俺は変わらずにうだうだやってると思うなー。

ひろ　まだ多くの人が仮設住宅で暮らしていますけど、2020年も変わらないんですかね？

ホリ　つーか、みんな考えすぎだと思うよ。少なくともオリンピックの頃には多くの人が原発事故のことを気にしてないでしょ。今だってチェルノブイリで起きた原発事故のことを100人中10人も気にしてないと思うし。

ひろ　確かに、僕だって何年か前に起きたスマトラ島沖地震のときの津波とか四川の大地震を普段は忘れてますしね。「チェルノブイリがロシアのどこにあるのか？」って言われれば思い出しますけど、そうじゃなければ思い出さない。

ホリ　てか、チェルノブイリはロシアじゃなくてウクライナ（笑）。どっちも旧ソ連ではあるんだけど。

ひろ　すんません、よくわかっていない西村です（笑）。でも世間的にはそれくらいの認識なんじゃや？

ホリ　むしろそれ以下じゃない？
ひろ　確かにオリンピックの頃に福島の原発事故のことを気にしている人は多くないでしょうね。特に外国人なんかは。んで、大事なことは感情的にではなく合理的に考えるべきってことですよね。ヒステリックになるんじゃなくて、正しい判断をするべきで。
ホリ　それに尽きる。
ひろ　東京オリンピックの頃は、世の中ってけっこう変わってたりするんですかね？　メジャーリーグよりも中国の野球リーグのほうが強くなってたりとか。
ホリ　さすがにそこまではないんじゃない？
ひろ　内戦じゃないレベルの戦争が起きてたりとか。
ホリ　それもないっしょ。
ひろ　でも、オリンピックの記録をパラリンピックが超える可能性はありますよね。ロンドンオリンピックのときに、健常者と変わらない速さで走る義足の選手の参加が認められてましたし。なので「どこまで可能なのか？」って議論が起きてたりするかも（2016年のリオ五輪で、パラリンピック男子1500m〈視覚障害〉の上位4人がオリンピックの優勝タイムを上回った）。
ホリ　ああ、それは一部の競技ではあるかもね。
ひろ　円安が進んで大手企業が外国資本になってたり、オリンピックとは関係なく日本に住む外国人が増えてそうな気もしますけどね。
ホリ　いろんな意味で楽しみだよ。

21 白紙に戻った「新国立競技場」建設問題。民間に任せれば〝国費ゼロ〟で、できるのでは？［2015］

ひろ　バカ高い工費で非難されまくって、「建設続行か、中止か」でもめていた新国立競技場ですけど（国際コンクールで選ばれた英国人建築家ザハ・ハディド氏による最初の案）。

ホリ　「白紙に戻す」らしいね。工費の総額が2520億円とかだったんだよね。「いくらなんでも高すぎる」って批判が多かったように、確かにデザインの部分にお金がかかりすぎてるとは感じるよね（その後、隈研吾《くまけんご》氏による案に決定し総工費は約1500億円になった）。

ひろ　堀江さんはそもそもこの計画に「賛成」「反対」のどちらでした？

ホリ　反対。だって、あんないい場所にスタジアムを建てられるのなら「喜んで金を出す」っていう民間企業はいっぱいいるでしょ。

ひろ　まあ、新国立競技場の建設予定地って、一等地なわけですからねぇ。

ホリ　そう。だからPFI方式（※4）でやれば、民間資金でいくらでもお金は集まると思う。わざわざ政府が2520億円も出す必要はないんだよ。

ひろ　僕も反対っすね。2520億円かけても、「オリンピックやサッカーのほかにスゲーいい使い道がある」とか「建設後の管理コストがものすごく安い」とかなら、まだわかるんです。でも、管理コストは赤字が出る計算になってたんですよね。

ホリ　だから、最初から民間に任せちゃえばよかったんだよ。国費ゼロで造れるんなら文句は言われないでしょ。

ひろ　そうですね。「競技場を造ること」を条件にして、あの土地を売りに出せば、買いたいっていう企業はたくさん出てくるでしょうし。

ホリ　というか、土地はレンタルでいいんだよ。そうすると国民の税金を使う必要もないし、むしろ国にレンタル料も入ってくる。競技場を造るとか「公共性の条件」をいくつかつけて民間企業にコンペさせればいいの。

ひろ　そうですね。レンタル期間とスタジアムの耐用年数を同じぐらいにして、期間が終わればまっさらにして返してもらえばいいわけですしね。

ホリ　それに、これは元ライブドア（取締役）の熊谷《くまがい》史人《ふみと》がＴｗｉｔｔｅｒでつぶやいてたんだけど、スタジアムの使用料だけだと大して儲からないから、地下に駐車場を造ったり、飲食店やショッピングモール、フットサルコートとかも造って、試合やライブをやってないときでも家賃収入でペイできるようにすべきなんだよ。

ひろ　そういう建設後も継続して儲かる仕組みって、けっこう重要なんですけど、あんまり議論に上がったりしないですよね。

ホリ　そうだね。民間がやれば、いいスタジアムができて、あの地区が活性化する可能性は高いわけで、あの立地ならテナント収入で利益を出すことなんて難しくないと思うよ。

ひろ　なんか、これまでの様子を見てて思うんですけど、新国立競技場の建設に関わっている人は

「他人の金だし、変わったものを建てときゃいいんじゃね?」って思ってる人が多いんじゃないかと。もし、自分のお金だったら、誰もあんな計画に賛成しないですよ。個人と行政を比べてもしょうがなかったりしますけど、デザインだけで14億円とか、普通に考えたらヘンですよ。

ホリ　森喜朗《もりよしろう》元首相は「国がたった2500億円も出せなかったのかね、という不満はある」と言ってたみたいだけど(笑)。

ひろ　森さんはあのデザインを「生牡蠣がドロッと垂れたみたい」って酷評して、また炎上してたりもしてましたよね。そもそも論ですけど、払った費用を回収できる見込みがあるなら、2520億円でも3000億円でも全然いいと思うんです。例えばですけど、ギリシャ・アテネのパルテノン神殿とか、エジプト・ギザのピラミッドみたいに、2000年後も世界中から観光客が来る建造物なら2500億円って全然安いですよね。

ホリ　まあね。でも、さっき言ってたショッピングモールや駐車場を造って家賃収入を得る考えとかもなかったろうし、建設資金や管理コストを回収するのは厳しい感じがするよね。

ひろ　冷静に考えても、あの計画では元は取れそうにない。なのに相場より高い建設費を払うのはヘンですし、関係者の人たちはちょっと頭悪いなぁと思ってしまいますよね。

ホリ　あと、議論がデザインばかりにいっているけど、陸上競技との兼ね合いを考えながらも、サッカーとかラグビー観戦に適したスタジアムにすべきでもあるよね。

ひろ　オリンピックだけに使うわけではないですからね。基本はサッカーとかラグビー、音楽ライブなどに使われるわけで……。

ホリ　でも、白紙にするまでのグダグダやってる感じを見てたら、迷走はまだまだ続きそうな予感がするけどね。

※４　ＰＦＩ方式
プライベート・ファイナンス・イニシアチブ方式。公共施設などの建設や運営などを民間の資金やノウハウを活用して行なう手法。これによって国や地方公共団体の事業コストが削減されて、質の高いサービスが提供される。

第4章

「IT」のヘン

22 車の自動運転は、技術的な問題よりも文化的な問題［2013］

ひろ　安倍首相が「世界一の技術」と評価したり、首都高での手放し運転が道路交通法違反だと騒がれたり、最近は自動運転車関連の話題が何かと多いですね。

ホリ　自動運転車時代がすぐそこに来ているからね。国産メーカーではトヨタやスバル、ホンダ、海外ではアウディやグーグルなんかも参入しているし。

ひろ　ま、自動運転のほうが安全ですからね。運転が上手な人なら人間が運転するのもいいんですけど、飲酒したときや反応速度が落ちたお年寄りが運転するときは、自動運転にして、技術レベルを底上げしたほうがいいですから。

ホリ　渋滞解消にもつながるっしょ。渋滞って、ドライバーたちが少しずつブレーキを踏むことが原因っていわれているし。

ひろ　ええ。なので普及はしていくんでしょうけど、やっぱり「機械は信用できない」って人もけっこういるみたいで。

ホリ　つーか、人間が運転しているほうがよっぽど危険だと思うんだけどな……。

ひろ　なんか行政が認可を出さないという形で足を引っ張りそうな気もするんですよね。もし自動運転で死亡事故が起きたら、遺族はどこから慰謝料をもらえるか考えるわけですよね。で、認可した役所側が悪いってことで責任を負わされる可能性もある。そうなると行政側もめんどくさいじゃないですか。まあ、「責任の所在」の問題かと。

ホリ　そんなことを考え出したらきりがないけどね。

ひろ　なので、認可するのは、役人が直接的に責任を取らない形が保証されればなんじゃないかと。例えば、海外での成功例があって、世界的な流れのなかで日本も認可せざるを得ないっていう状況になるとか。

ホリ　でも、日本ではいまだにセグウェイ（電動二輪車）は認可されてないでしょ。

ひろ　ウインカーやブレーキがないことや、電源を切った状態で自立しなかったりするのがダメらしいですね。

ホリ　つーか、日本は規制が多すぎて新しいことが進まない。だから、世界からどんどん取り残されることになる。

ひろ　だから車の完全自動運転も、先に海外で実用化されるんじゃないですか？　日本の自動車メーカー的にも、売り上げは海外のほうが大きかったりするので、日本で開発してほかの国で売ればいいって話で。

ホリ　グーグルも自動運転の技術を作っているから、世間では「グーグルvsトヨタ」ってなっているみたいだけど……。

ひろ　僕は断然トヨタが先かと。グーグルがやっていることって高速の画像認識技術とかなので、別にグーグルでなくても同じものが作れたりするんです。自動運転ってハードウエアとの連携が重要であって、そのノウハウやデータは自動車メーカーしか持ってないじゃないですか。

ホリ　う〜ん、どうだろう？　結局は同じくらいの時期に出すんじゃないのかな？　俺、思うんだけど、自動車業界って〝当たり前のことができない〟業界なんだよね。例えば、カーナビとかめちゃめちゃ不便じゃん。もしカーナビにグーグルマップを採用すれば、検索で「あ」って一文字入れるだけで目的地の候補が出てくるようになる。なのに、今までと同じ埋め込み式でオンボードの純正カーナビを出し続けてる。なんでスマホやタブレットにしないのかね？

ひろ　販売店がそこのオプションで儲けてるからじゃないですか。でも、「カーナビはいりません」って言えばいいだけなので。

ホリ　つーか、カーナビは高すぎっしょ。オープンな規格でデータを開放すれば価格も安くなるし、今よりもっと便利になるはずなのに全然してないじゃん。結局、自動車メーカーや業界が守りに入ってるんだよね。ハイブリッド車やガソリン車ばかり作って電気自動車（ＥＶ）の開発にまじめに取り組んでないんだよ。

ひろ　電気自動車がはやったら、自動車メーカーは儲からなくなりますからね。

ホリ　本格的な電気自動車を作ると自動車メーカーは終わってしまうからね（笑）。今の技術レベルなら、充電スポットとかインフラを整備すれば電気自動車が当たり前の社会は簡単に実現できるんだよ。でも、自動車メーカーはガソリン車にこだわっている。

ひろ　単純に比較すると電気自動車は「電気モーター」、ガソリン車やハイブリッド車は「エンジン」っていう違いですよね。

ホリ　そう。で、モーターって電磁力学の理論どおりに動作するんだけど、エンジンは結果を完全にシミュレーションすることができない。だから実験によるデータに頼るしかないんだよね。

ひろ　つまり、自動車メーカーはガソリンエンジンの技術やノウハウをたくさん蓄積していて、そのデータに基づいて車を作ってきた。けれども、電気モーターになってしまうと、電磁力学の理論どおりに作動するので、誰もが簡単に車を作れてしまう。

ホリ　うん。

ひろ　そして車の値段もめちゃくちゃ安くなりますよね。

ホリ　あと電気自動車って電源としても使えるから、非常時にも有効なんだよ。で、その先にあるのは〝パーソナライズカー〟だと思う。座っているイスが自動車になるみたいな。不可能な技術じゃないよね。

ひろ　ただ、技術的に可能になっても、文化的に浸透するのにはけっこう時間がかかるんじゃ？

ホリ　象徴的な出来事があれば文化的に浸透するんだよ。新時代を切り開くような製品って、必ずしも新しい技術の結晶とかじゃないから。ｉＰｈｏｎｅだってそうだからね。

ひろ　ｉＰｈｏｎｅも既存の技術の組み合わせですからね。

ホリ　とにかく、ヘンな規制や業界ぐるみで自己保身に走っている場合じゃないんだよね。

23 お金の価値って何？仮想通貨の今後を考える［2014］

ひろ　個人間の取引が可能だったり、国家に縛られないってことで人気のある仮想通貨（※5）の「ビットコイン」ですけど、その価値が暴落したみたいですね。国にとって通貨をコントロールするのは、めちゃめちゃ重要なことなので、国としては許せないからつぶしにかかったと……。

ホリ　通貨発行権は、国家主権の一部でもあるからね。でも、ビットコインが規制されても、同じような通貨はなんらかの形で出てくるでしょ。

ひろ　ただ、中国やアメリカだと、データとしての通貨からリアルなお金へ換金する交換所や、そのサービスを行なう会社が自国にある場合はつぶされるでしょうね。だから、例えばカリブ海にあるどこかの国で換金サービスをやっていたりすれば、生き残っていく可能性がありますけど……。

ホリ　ビットコインの場合、「中央銀行がない」っていう独自のアルゴリズムがおもしろいんだよね。円とかドルだって、ただの紙切れなんだけど、国家がその価値を保証しているように見えている。そして、その国家自体をみんなが信用しているから成り立ってるわけじゃん。

ひろ　んで、ビットコインの場合は、国家の後ろ盾があるわけじゃなくって、誰も保証してないけどP2P（peer to peer。均等な関係にある端末同士が通信を行なうこと）的に「個人と個人」がクモの巣のようにつながっていて、結果的に保証されちゃっているよねっていう。

ホリ　っていうか、今流通している多くの通貨だって、国家の後ろ盾があるように見えてるけど、「本当に大丈夫なの？」ってケースもあるじゃん。日本やアメリカ、ユーロ圏なんかはさすがに信用が高いけど、東南アジアの小さな国とかは……。

ひろ　中国人だって、人民元を信用してないくらいですからね。

ホリ　だから、中国の人は人民元を早くドルとか日本の不動産に換えたいって思ってるんでしょ？　そう考えると、ビットコインもみんなが信用すれば成立するわけなんだよ。

ひろ　世界中どこにいても価値が認められるってなると、本当にお金と同じですからね。でも、これからは、今までみたいにビットコインの価値は上がらないかも。世界中の通貨の価値が全体的に下がっているなかで、「ビットコインは一定の発行量しかない」っていう前提があったから、1ビットコイン当たりの価値が上がっていたわけですから。でも、国が交換所を規制した場合は暴落するっていう、不安定性やリスクがわかっちゃったので……。

ホリ　まあ、当たり前といえば当たり前の話だけどね。

ひろ　あと、この手の話になると、「なんでビットコインは一定の発行量しかないの」って思う人もいるでしょうけど、ビットコインを増やすのって、ものスゴい時間がかかって大変なんですよね。

ホリ　それに、リアルマネーと交換するときにズルをすることも難しい。

ひろ　ええ。ズルをしたらすぐ偽造だってバレるし、ズルをするのも増やすのと同じくらいの労力がかかるんですよ。

ホリ　だから、今は金とあんまり変わらないくらいの価値がついたりしてるよね。

ひろ　イギリスでビットコインのデータの入ったハードディスクを誤って捨てたら、その中にあるビットコインが相場の急騰で約8億円の価値になってたっていうニュースがあったくらいですしね。んで、ビットコインって中央銀行みたいな発行機関がないわけですけど、ちょっと興味深いのが、アメリカって法律的には勝手に通貨を発行してもいいってことになってるんです。ドルの偽造はダメだけど、「これは『ホリエモン』っていう新しい通貨で、1ホリエモンは100ドルです」とか言って、そのホリエモン通貨とドルを交換するのは自由。実際に銀貨を使って、個人でやっている人もいるんですよ。

ホリ　考え方は地域通貨と一緒だよね。

ひろ　結局、「通貨とはなんぞや」ってことなんですけどね。その人の場合は、銀貨自体の価値があるから成立しているわけですけど、それって仕組み的には2000円で銀貨を買っていることと一緒ですよね。ということは、通貨＝商品ってことなわけで。

ホリ　そうそう。だから俺は、同じことを株式でやりたかったんだけどね。

ひろ　アメリカって通貨に対する思い入れが薄いんですよね。硬貨をつぶして記念メダルにするサービスとかもあるくらいですし。逆に日本は、硬貨をつぶすと貨幣損傷等取締法で捕まっちゃう。堀江さんは最初に「ビットコインが規制されても同じような通貨はなんらかの形で出てくる」って言ってましたけど、こういった仮想通貨って、今後はどうなっていくと思います？

ホリ　ビットコインみたいなものが流通するかはわかんないけど、今ってメッセージングアプリが世界的にめちゃくちゃはやっていて、ＬＩＮＥのユーザーは3億人いる。で、将来的には10億人とかになっちゃうわけじゃん。コミュニケーションもできて、Ｃ２Ｃ（ｃｏｎｓｕｍｅｒ　ｔｏ　ｃｏｎｓｕｍｅｒ。消費者間の電子商取引）のモールとかもやってるから、ＬＩＮＥで使える「ＬＩＮＥコイン」みたいなもので、生活のすべてが完結しちゃうこともあるんじゃないかな？

ひろ　国によっては、自国の通貨よりもＬＩＮＥコインとかのほうが信用できる場合もあるでしょうしね。

ホリ　そう考えたら、ビットコインと同じように国家などの後ろ盾とか大事じゃなくなるんじゃ？　そして、通貨に対する価値観も今後大きく変わってくると思う。そもそも〝お金の価値ってなんなの？〟って話にもなるわけだからさあ。

※5　仮想通貨
ビットコインのほかに「リップル（Ｒｉｐｐｌｅ）」や「ＭＵＦＧコイン」などがある。リップルはグーグルの子会社が出資をしたことで注目されている。ＭＵＦＧコインは三菱東京ＵＦＪ銀行が独自通貨として開発中。２０１７年秋に発行予定。

24

「アメリカ人は全員プログラミングを学んでほしい」。オバマ大統領が異例のメッセージ。どうする日本!?［2014］

ひろ　アメリカのオバマ大統領が「すべての人にプログラミングを」と、プログラミング教育の推進を語ったらしいですけど、僕的にも学校で古文や漢文を教えるくらいならプログラミングをやればいいと思う派なんですが……。

ホリ　俺もそう思うなー。

ひろ　微分・積分とかも、大人になってから全然使わないですからね。仮に古文や漢文に関わる仕事でごはんを食べてる人が100万人いたら、僕は教科として残しても全然ありだと思うんですよ。でも、実際は古文や漢文で食べていける人は100万人もいなくて、プログラミングで食っている人は100万人はいると思うんですよね。

ホリ　まったく役に立たないわけじゃないけど、物事には優先順位があって、古文や漢文なんかは低いほうだよね。

ひろ　まあ、古文や漢文の教師として働いている人がいる以上、すぐには廃止できないですよね。

ホリ　てか、プログラミングなんて超簡単なのに、なんでみんなやらないんだろう？

ひろ　語学と一緒で、できた人は簡単だと思うけど、やってない人にはものすごくハードルが高く見えちゃうんじゃないかと。

ホリ　実際は、自転車に乗るようなものだよね。

ひろ　ハードルの低いHTMLから始めればいいと思うんですけどね。ある文章を「〈b〉」で囲めば太文字になるって感じで、ルールどおりに書けばコンピューターが勝手に動いてくれるので。入門書どおりにやれば、そんなに難しいことじゃない。

ホリ　結局、やるかやらないかなんだよね。

ひろ　めちゃくちゃ賢い人しかプログラマーになれないなら、年間100万人とか出てこないですよ。それに、本当にやりたいなら、今はタダで教材があふれているし。

ホリ　俺たちの頃と比べたら、今はめちゃくちゃ楽だよね。

ひろ　ええ。しかも、今後はコンピューターを使わない仕事のほうが減っていくので、子供の頃からコンピューターが得意になっていたほうが絶対いいですよね。

ホリ　それに、便利なツールを自作できるんだよ。例えば、ある音楽系のニュースサイトは、アーティストのサイトを毎日人力でチェックしてるらしいんだよ。

ひろ　えっ!?　効率悪っ！　クローラ（ウェブ上の情報を自動で取得し、データベース化するプログラム）を書くとか、RSSとかの既存サービスを組み合わせるとか、賢い方法はいろいろあるのに……。

ホリ　こういうのって、知ってるか知らないかっていう知識の差だけなんだよね。

ひろ　プログラムが書ければ、食うに困ることは基本的にないですから。それに、もし20代で100万円稼ごうと思ったら、金融系か怪しい仕事かプログラマーですよね。

ホリ　うん、1000万円なら全然いけるよ。

ひろ　一攫千金を狙う人って多いですけど、普通の仕事で1億円ってハードルは高いですよね。でも、アプリのプログラムを書いて、それを1億円で売ったたって話はザラにありますし、20代でお金を持っている人って、IT経験者が多いじゃないですか。

ホリ　それを「ぬれ手で粟」って批判するやつもいるけどね。でもプログラムを書くことで何万人分の仕事が省略できるなら、その対価を受けるのは当たり前でしょ。

ひろ　プログラマー業界って今でもゴールドラッシュ状態で、20代で月に100万円とか稼ぐ人もけっこういる。それに資本金やコネも関係ない世界なわけです。100km先に〝お金持ち〟っていう目的地があって、みんな自転車に乗って向かってるのに、なぜか自分だけずっと歩いてるみたいな……。自転車乗れよ！って（笑）。

ホリ　それに、お金のことだけじゃなくて、もし、誰もがプログラミングをできるようになれば、社会のシステムはかなり変わるよね。普段の生活でも、プログラム的な考え方をしていれば「ここは自動化できるな」って思うはずだから。

ひろ　プログラム的な考え方をすることで、これはいらないなってわかることがけっこうあるんですよね。

ホリ　そうそう。例えばインターネットの本質って中抜きなわけだから、情報を仲介しているだけのマスメディアはいらなくなるとかね。

ひろ　いらなくなるだろう仕事もありますよね。

ホリ　例えば、お店のレジ係とかは、本当はいらないんじゃないかって思ったりする。バイトが不正をするリスクのほうが大きかったりするでしょ。あと、銀行の手数料とか……。

ひろ　大手の銀行って、100万円預けても、年間300円も利子がつかないですからね。それなのに、ATMで振り込みなどをすると、手数料が105円かかったりする（現在は108円から）。このシステムを見て、「これって、ヘンだよね？」って疑問を持つかどうかですよね。

ホリ　それって実質的にはマイナス金利だよね。あとは、現金しか使えない飲食店とかあるけど、本当にイライラする。今は手数料が3・25％って圧倒的に低くて簡単にカード決済ができる「Square」っていうシステムがあるのに、なんで使わないんだろうって。クレジットカードリーダーがなくてもアプリで決済できるし、コストも安い。割り勘も楽だし、スキミングの心配もない。これを導入しない手はないでしょ。俺は、俺との握手券を100円で売ることで、その便利さを説いて回ってるくらい超便利なわけ。

ひろ　やってましたよね（笑）。

ホリ　世の中はどんどん便利になってるのに、いまだに非効率的だったり、バカバカしいことってけっこう多いんだよね。プログラミング的な思考で考えると、いろいろと社会のヘンな仕組みに気づくんだよ。だから、プログラミングをやらない理由はないと思うんだけどな……。

25 グーグル、アマゾンがロボット事業を展開。ロボット&VRの未来を考える［2014］

ホリ　グーグルが自社でのロボット開発を目指して、ロボットメーカーや技術会社を積極的に買収してるみたいだけど、最近は世界的にロボット事業分野がアツいよね。

ひろ　東京大学発のベンチャー企業（SCHAFT）もグーグルに買収されて話題になってましたしね。ＩＴ企業がロボットに手を出すってのは、わかりやすい気はします。

ホリ　ロボット関連だと、スイスのチューリヒ工科大学の研究室が開発した「Cubli」っていうキューブ型のロボットがすごい。角の一点を軸にして自立することができて、しかも足元の平面を傾けても押しても倒れない。さらに、歩いたり跳びはねたりもするもんだから、ネットでは「わが目を疑う」なんてちょっとした騒ぎになってたくらい。

ひろ　ほうほう。

ホリ　仕組み的には「リアクションホイール」っていう人工衛星の姿勢制御の技術に使われている装置でバランスを取ってるんだって。

ひろ　なるほど。モーターの回転量によってトルク（ねじりの強さ）を出してコントロールしてるってことかぁ。今までロボットのバランスをコントロールするには、ロボット自体の重量を使っていたじゃないですか。でも、それだと重量以上の負荷がかかったらどうしようもなかった。なので、この手の技術はモーターの精度が上がったことが大きいですよね。
ホリ　アマゾンも「ドローン（無人航空機）」を使って宅配サービスを行なう構想を打ち出してるしね。あと、最近注目してるのが「オキュラスリフト」。
ひろ　なんすか、それ？
ホリ　ヘッドマウント（頭部装着）ディスプレイなんだけど、中身はグーグルのアンドロイドＯＳを使ってる。実はこれがコロンブスの卵的な発想で、スマホが入ってるからＧＰＳとか加速度センサーとか全部入りなわけ。んで、いろんな関連サービスも出てて、ＶＲ（バーチャルリアリティ）もできたりする。
ひろ　アプリの「セカイカメラ」みたいな感じですよね。スマホで撮っているリアルタイムの街の映像上に、いろんな情報が重ねて表示されるっていう。
ホリ　それに、グーグルストリートビューと組み合わせたサービスなんかもあって、その場で世界中の都市を歩き回ることもできる。あと、「Ｏｍｎｉ」っていうＶＲデバイスがあって。見た目は全方位型のルームランナーなんだけど、これでバーチャルの世界を動き回ることができる。サバゲーとかエクササイズの分野ですごいことになるよ。
ひろ　ＶＲの世界はすごい進歩してますね。
ホリ　だから、バーチャルセックスの世界もすごいことになるんじゃない？　例えば、３Ｄプリンターでオナホールを作って、ボディスーツとバーチャルグローブとか組み合わせると、マンガの世界が現実に実感できるようになる。

ひろ　もしそれができるとなると、３次元なんて、どーでもよくなりそうっすね。

ホリ　俺、実際に体験するまでは理解できなかったけど、やってみると「これやべえ！」って感じ。アマゾンのドローン配達みたいなのもすごい勢いで進化してるし、ロボットやVRの世界は、もう新しいモードに入ってきてるよ。

ひろ　それって、アンドロイド端末が安く作れるようになったってのが大きいですよね。小さいサイズで使いやすい端末が簡単に手に入りますから。

ホリ　アンドロイドはスマートフォン用というよりは、こういった新しいデバイス用のＯＳとして優れているよね。

ひろ　昔って、まずＯＳやハードウエアの設計から始めないといけなかったんですけど、今は中国なんかに行けば100ドル以下で十分使えるアンドロイド端末が売ってますからね。んで、ＯＳや端末ありきで、そこから何を作ろうかとなるので、コンピューターエンジニアがおもしろい発想をできると。

ホリ　しかも、そこにクラウドファンディングの「キックスターター」とか出てきちゃったらね。

ひろ　おもしろいプロダクトならすぐ資金が集まると。

ホリ　この前、「Ｕｎｉｔｙ」っていうゲーム開発環境で作られた『進撃の巨人』みたいなゲームをやったんだけど、昔と比べてずいぶん開発環境が変わってた。

ひろ　というと？

ホリ　背景となる街やキャラクターはサードパーティが開発しているから、その人が作ったのは、

「立体機動装置」を使ったキャラクターの移動動作だけ。んで、今は、そうしたＵｎｉｔｙみたいなプラットフォームがいっぱい出てきてるんだよ。

ひろ　しかも、フリーで使えたりするんですよね。

ホリ　そう。昔は、そういったプラットフォームって大企業しかなくて、デベロッパー契約した人しか使えなかった。でも今は誰でも使えるようになってきてる。

ひろ　それに、昔は「パソコンの中で動くもの」だったサービスやアイデアが、スマホやタブレットなどの中で簡単に実現するようになってきた。なので、ハードウエアに縛られずにおもしろいものを作ろうっていう流れになってますよね。

ホリ　そうなんだよね。そもそもハードウエアとソフトウエアを分ける必要はないんだから。それに、今なんて、スマホとかデバイスのスペックも高性能になってるから、スマホレベルのゲームなら簡単に作れる。

ひろ　こういう流れは進んでいくと思うので、そんな感じでＣｕｂｌｉとかドローンみたいな、僕たちをびっくりさせるようなロボットやデバイスが、これからもどんどん登場してくるんでしょうね。

ホリ　楽しみだよね。

26 ソフトバンクの感情認識ロボットは、何に使うために作ったのか？［2014］

ホリ　最近、気になることといえば、ソフトバンクが発表した人工知能搭載ロボット「Pepper」でしょ。自己学習で行動して、人の表情や感情を理解するらしいけど……。

ひろ　なんでハードウエアで出したんですかね？　あれってiPhoneとかに搭載されてる「Siri」と同じように、音声認識をしてネットを通して回答を出すシステムってことですよね？　んで、自己学習型なので精度の向上が大事なわけですけど、ソフトウエアにして配布しまくったほうが、精度が上がる速度は速いと思うんですよ。ハードウエアにしちゃうと陳腐化が早いので、1年くらいしたらもっといい製品が安く作れちゃうってことになる気がするんですけど……。

ホリ　ただ、性能やスペックを考えると、19万8000円ってのは、驚くくらい低価格だよね。センサーやサーボモーターもかなり使われているだろうから、原価から考えると破格の値段。

ひろ　でも、1年で型遅れになっちゃうオモチャとしては20万円弱は高いんじゃないかと。なので、それほど台数が出荷されずに、学習量があまり増えないってことになる気がします。

ホリ　そうかもね。

ひろ　使っている人が多いほうが「どういった状況でどういう質問をするのか？」とかのパターン学習が進むじゃないですか。例えば、同じ「トイレ」という問いかけでも、時速80㎞で移動してるときは次のサービスエリアの公衆トイレ情報を出すけど、自宅の場合は「トイレ用品の何が必要なのか」を聞き返すとか。そういうふうに状況に応じていろんなパターンの返答をして、ユーザー満足度の高い返答をした場合にそれを「正解」として記録していけば便利になっていくわけなんですが……。

ホリ　孫《そん》（正義《まさよし》）さんは「将来的にはウイルスや自然災害に対応していくかもしれない」って言ってるみたいだけど。

ひろ　とはいえ、今のところは単なるオモチャ以上の使い道が示されてないんですよねぇ。荷物を運んでくれるとか、実生活で役に立つ能力があるのなら、あの大きさのハードウエアにするのはわかるのですが……。

ホリ　でも、ソフトバンクショップに置くわけでしょ。

ひろ　そうなると、自己学習で携帯電話のプランにはやたら詳しくなりそうな予感が……（笑）。携帯電話の販売ってマニュアルどおりのフローで説明したりするので、うまくいけば人員削減には成功するかもです。それにお客さんが「音楽はよく聴きますか？　動画はとりますか？　写真はどれくらい使いますか？」ってな質問に答えていくと、「あなたは32GBのiPhone5sがオススメです！」ってピッタリな機種を教えてくれたりとか。

ホリ　確かにスタッフがひとり削減できるとすると、1台19万8000円だから1ヵ月で元が取れる計算になるね。残業代とかも払わなくていいし。

ひろ　んで、人員を削減して人間の店員を全部ロボットに替えるって話じゃなくても、「iPho

ne5sの白の64GBの在庫ありますか？」とか「この携帯はいくらですか？」とか、聞く内容があらかじめわかってて、窓口が空くまで待ちたくない人向けにPepperが対応できる部分はそれなりにあると思うんですよね。

ホリ どこのショップも相変わらず待ち時間は長いし、その需要はあるかも。

ひろ サービスセンターに電話で問い合わせをすると、プッシュ式で自動音声で対応するようになったように、接客販売もある程度、自動化するためのロボットができれば市場は大きいかと。んで、「人件費削減のためのロボットです！」とか言うと、いろいろ反発がありそうなので、「感情を理解するロボットです！」みたいに何に使うのかわからないような感じでリリースしたら、普及する可能性もあると思いますね。さすがの孫さんも20万円弱のオモチャがめちゃめちゃ売れるとは思ってないでしょうし。

ホリ 今でもロボットやAIによって職を失う可能性(※6)がある人の反発はすさまじいもんな。

ひろ 病院とかは、いろんな団体から「ミスした場合はどうする？」とかって突っ込まれたりしそうなので、だいぶ後回しになる予感がしますよね。なので、組合とかがないような小売の会社で店舗数が多いところとかから導入するんじゃないですかね。それに、ハードウエアにしなかったら、ここまでのニュースになってなかったでしょうしね。

ホリ うん。あと、ハードのものを作らなければ、SFで予言されていたような、人間の手伝いをするロボットがいるような未来がいつまでたっても来ないと思う。だから、さすがに2、3年で介護や家事を手伝ってくれるロボットが登場するのは難しいかもしれないけど、仕分け作業みたいな単純な仕事は、どんどん広義のロボットにやってほしいよね。

ひろ　ただ、不景気のときに人間の代替になるロボットが出てくると、産業革命で起きた機械の打ち壊し運動みたいなのが起こりそうな気がするんですよね。「就職難は外国人労働者がいるせいだ！」とかいう人がいる昨今ですから。

ホリ　とにかく、「単純労働は人間がやるべきことじゃない」ってはっきりと割り切るべきでしょ。

ひろ　でも機械化や自動化によって、自分の存在意義がなくなることが心配になる人も多いみたいですよ。だから、ロボットの研究開発よりも、ロボットを受け入れる人間の度量のほうが変化を必要としているような気がしますね。

ホリ　そうだね。

※6　ロボットやＡＩによって職を失う可能性
野村総研が２０１５年に発表した資料によると日本の労働人口の49％がロボットやＡＩで代替可能だという。代替可能性の高い職業は「一般事務員」「受付係」「警備員」「建設作業員」「スーパー店員」「タクシー運転手」「ビル清掃員」「ホテル客室係」など。

27 アップルが電気自動車に参入！ どうする日本の自動車業界？［2015］

ひろ　アップルが電気自動車（ＥＶ）の開発に着手してると噂されてるみたいですね。

ホリ　そうそう。競合のテスラモーターズやフォードから人材をリクルートしているらしい。だから期待の声も多いんだけど、テスラやグーグルの後を追う形だから「今さら？」という意見もあるみたいだね。

ひろ　アップルって革新的なイメージが強いですけど、なんでもかんでも最初にやってきた会社ではないですよね？　ｉＰｏｄよりも前にＭＰ３プレイヤーは発売されていましたし。なので、電気自動車が後追いでも別に問題ないんじゃないかと。

ホリ　まあ、ｉＰｈｏｎｅはスマートフォンのはしりではあるけどね。でも、せっかくだから想像もできないような、あっと驚く電気自動車を見てみたいところだね。

ひろ　僕的には、すでに発売しているテスラみたいな車になるだろうなぁ……と。むしろ、ロボット開発の企業を買収しているグーグルのほうが期待できそうな気がしますけど。

ホリ　でも、今、世界は電気自動車が普及していく流れだけど、日本は水素自動車（燃料電池車）にも力を入れていたりするよね。

ひろ　ええ。なので、日本は電気自動車に参入障壁をつくったりするんじゃないすかね。

ホリ　そこまでするかな？

ひろ　例えば、外国に行くとセグウェイが街中を普通に走っていますよね。ちなみに、海外の観光地だとセグウェイで名所を回るツアーとかがよくあります。タイとかフランスとか。

ホリ　ハワイでもやってるし、イタリアでも観光地でセグウェイを貸し出してるね。

ひろ　ええ。でも、セグウェイは歩くくらいのスピードで、疲れずに観光が楽しめるってことで割と人気なんですよ。でも、日本だとセグウェイは道路交通法違反になってしまう。

ホリ　そうだね。

ひろ　そんな感じで電気自動車にも謎の参入障壁が導入されることがあり得るんじゃないかと。

ホリ　確かに。

ひろ　それから、今グーグルとかが無人で運転する自動運転の研究をしていますよね。でも、日本は公道で無人運転をすることは禁止されているんですよ。海外では、けっこう普通にテストとかをやってるんですけど。

ホリ　あれ？　でも、この間、金沢大学が日本で自動運転の実験をしてなかったっけ？

ひろ　金沢大学やトヨタが実験していますけど、あれって運転手がハンドルを触っているからオッケーという解釈なんですよ。

ホリ　微妙な感じではあるけど、なるほどだね。

ひろ　すると、日本仕様の〝無人運転機能が搭載されていない電気自動車〟が販売されるとかあるかもです。

ホリ　それはいやだなあ。それにしても今後、自動運転ができる電気自動車が普及すると、既存の自動車メーカーは必死に抵抗してくるだろうね。

ひろ　まず、既存の自動車メーカーが積み上げてきたエンジン技術が無意味になっちゃいますからね。

ホリ　電気自動車は、極端に言えばモーターやバッテリーなどを用意して組み立てればいいから、参入障壁が一気に下がる。もともとパソコンやネットサービスを作っていたアップルやグーグルが自動車製造に参入できるようになった背景もそれだし。

ひろ　それに、電気自動車は電気スタンドがあれば充電できてしまうので、ガソリンスタンドも不要になりますよね。コンビニでも充電できちゃいますから。

ホリ　それどころか非接触充電を使えば、駐車場とかでできるようになるよ。

ひろ　ガソリンスタンドって、交通量の多い土地だと設備投資に約1億円かかるといわれてますけど、電気自動車の普及によってガソリンスタンドは壊滅するかもですね。

ホリ　ユーザーにとってはメリットなんだけどね。

ひろ　電気自動車なら必要な部品数も減るので、メンテナンスコストも安くなるし、オイル交換とかもいらなくなる。

ホリ　おそらく、車の値段は今の10分の1くらいになるはずだよ。それくらいの値段になると、ほとんどは無料化も視野に入ってくる。

ひろ　お、じゃあ、「無料プロバイダーのライブドア」みたいに、堀江さんが無料自動車レンタルのビジネスとかやりますか？
ホリ　……いや、グーグルがやるっしょ。
ひろ　うへへ（笑）。それから、自動運転が普及すれば、タクシーとか運転代行の業界にも影響を与えますよね。すると、これまで利益や権益を抱えていた業界が儲からなくなるので、反対勢力はさらに増えますよね。そんで、そうした団体の圧力によって、新しい技術や利便性が抑え込まれるという、いつもの日本的な結末になる気がしなくもないですけど。
ホリ　ガラケーみたいに、日本だけの市場になってしまうかもね。
ひろ　日本仕様の車を作っても海外で勝てるわけがないので、自動車会社も結果的にはダメになるという未来が待っていると……。なんか携帯電話メーカーがたどった暗い歴史を繰り返すことにならなければいいんですけど。昔はいろんな会社が携帯電話を作っていましたが、今ではほとんどなくなっちゃいましたから……。
ホリ　携帯だけじゃなくて、パソコンのときにも日本のメーカーはキーデバイスであるＣＰＵとかＯＳで後れを取ったしね。でも、モーターやリアルタイムＯＳといったキーデバイスは、日本がリードしている部分でもあるから、「日本電産」とか「日立」とか、うまく立ち回ってほしい。
ひろ　そですね。どう考えても最初っから海外と同じ仕様にしたほうがいいんですけど、どーなることやら……。

28 首相官邸にドローンが落下。規制が始まると日本の技術開発は遅れるぞ［2015］

ひろ　世界的に注目を集めているドローンですけど、2015年4月に首相官邸に落下して大騒動になりましたよね。

ホリ　これで規制強化の方向には進んでほしくないなー。んで、今の航空法だと地上から150ｍまでの領域を飛行するのに許可はいらなかったんだよね。これまで低空で飛べる飛行機はなかったから、超低空域は使ってなかった（2015年12月に改正航空法が施行されて、空港周辺の空域、人口集中地区では無人航空機の飛行が禁止された）。

ひろ　そこにドローンが登場したわけですね。

ホリ　そう。ここ数年で「ジンバル（回転台）」の技術が進歩したり、スマホの普及によってセンサーとかが安く手に入るようになったから、手軽に作れるようになった。だから、規制が始まるとモーターがついて自由に飛び回れるようなものは登録制になるだろうね。でも一方で、産業利用を促進したいのも事実だから、そうなると航空管制をするしかないのかなって。

ひろ　でも、飛行機みたいに管制してたら途方もないことになりません？

ホリ　たぶん自動管制にするよ。ＩＰアドレスじゃないけど、ひとつひとつに個別番号を振り分けて自動で管制することになる。

ひろ　なんか、ほかの国が自由にやっているなかで、日本だけ遅れてくような気がしますね。

ホリ　でも、アメリカも規制があるでしょ。個人のドローンはけっこう飛べなかったりするし、商業利用は基本的に認める方向だけど登録が必要だったりする。

ひろ　ってことは、アマゾンのドローン配達も登録してやっているんですか？

ホリ　規制が厳しくないカナダで実験をやってるんだよね。ビルの屋上にドローンポートができて、ポチったら30分後にドローンが荷物を届けるっていう時代がすぐそこまで来てるよ。

ひろ　でも、日本のメーカーでドローンを頑張っているところってあんまりないですよね。

ホリ　首相官邸に落ちたやつは、中国のメーカーだったよね。今って、最先端技術のメーカーは中国が多い。

ひろ　日本のラジコン技術って、昔は相当進んでいたはずなのに、なぜか落ちぶれちゃって、すごいもったいないと思います。

ホリ　「タミヤ」とか「ヤマハ」がやってたよね。

ひろ　たぶん、航空規制をしているうちに、ほかの国がどんどん進出してきたのが原因かと。「ホンダジェット」ってありますけど、あれも結局、アメリカで開発されてるんですよね。

ホリ　ただ、航空機事業は仕方ない部分もある。戦前の日本って航空大国で、それこそジブリ映画の『風立ちぬ』みたいに愛知県は航空産業が盛んだった。だけど、戦後、アメリカに航空産業を禁止されて、飛行機の技術者はみんな自動車産業に行っちゃったの。だから自動車産業がすごく発達したわけだけど、それで航空産業の技術の断絶が起きた。

ひろ　一度途絶えた産業を継承させるのって難しいですからね。

ホリ　ソフトウエアなんかでもそうだけど、先輩から教えてもらうちょっとしたノウハウとかの積み重ねが大事なんだよ。あと、ラジコンヘリからドローンにいけなかったのは、日本人特有の〝自前主義〟の弊害があると思うんだよ。

ひろ　というと？

ホリ　今のドローンって、センサー類を買ってきて、モーターと羽根をくっつければ出来上がりって感じでしょ。

ひろ　センサーでバランスを取るってことですよね。

ホリ　そう。センサーを買ってくれば作れるのに、それをよしとしないで、自前で開発しなくちゃいけないみたいな雰囲気になってる。

ひろ　はいはい。

ホリ　それから、例えば世界で初めてコントローラーに加速度センサーを搭載したのはゲーム機の「Ｗｉｉ」だったりするし、ジャイロセンサーもそこで入った。だけど、それをスマホに応用したのはアップルだった。

ひろ　日本は早い段階でセンサー類には手をつけてたけど、ビジネスにならなかったから撤退したと。そんで、その後に海外の会社が大きく投資をしてうまく成功させたみたいな感じですかね。

ホリ　うん。海外のメーカーは、機械を買ってきたり、他国のマネをしたり〝いい意味で節操がない〟。で、日本の会社って〝悪い意味で節操がある〟んだよ。日本のメーカーがドローンにいけなかったのは、そこだと思うんだよ。

ひろ あと、最初から海外向けに開発・販売を考えてたら、僕はいけたと思うんですよ。日本って人口が1億人もいるから、どうしてもメーカーは国内に目が向いてしまいますよね。でも、例えばイスラエルって人口が800万人くらいしかいないので、どうしても海外向けが中心になります。

ホリ イスラエルの話でいうと、あの国は男女ともに徴兵制があって、軍で最先端技術を学ぶんだよ。例えば、情報機関に配属されると最新のサイバーセキュリティを覚えるから、その分野で起業する人が多いわけ。だから、小さい企業も成長していくよね。で、つい1年くらい前まで軍にいて起業した人に会ったんだけど、彼はインターネットで「こいつは危険だ」っていう人間を見つけて、殺人命令を出してたんだって……。

ひろ ヤバいっすね（笑）。そういえば日本で起業しづらい理由のひとつに、大きな会社は小さな企業との取引口座を開かないっていう、ヘンなルールがありますよね。

ホリ 俺も最初の会社は、全然、口座が開けなかったもん。

ひろ アメリカだと商品や人間がしっかりしていれば、規模にかかわらず普通に取引できますよね。日本もそういう形ならいいと思うんですけど、現実は「会社の口座を開くにはあと5年たってからね」みたいなルールがあったりする。

ホリ ドローンの開発が遅れたのは、日本独特のヘンなルールのせいもあるだろうね。だから、これ以上ヘンなルールや規制をつくって技術開発の足を引っ張らないでほしいね。

29 ガラケーが2017年で生産中止。そして、ガラホになるのだが……［2015］

ひろ　「各メーカーがガラケーの生産を2017年以降に中止する」というニュースがありましたよね。Twitterのトレンドにも入ったみたいですし。
ホリ　ガラケーなんて、すでに用なしじゃん。
ひろ　世間的には「寂しくなる」「ひとつの時代が終わった」なんていうコメントもあったみたいですけどね。
ホリ　ガラケーの生産をやめれば、みんながスマホを使うから、便利になるはずだよ。例えば、俺はLINEで仕事の連絡を取ってるんだけど、ガラケーユーザーはLINEをあまり使わない。ある調査によると、2014年時点で、ガラケーとスマホの契約数はまだ五分五分なんだって。これってイノベーションの妨げになっていると思うんだけど、みんななんでスマホに替えないんだろう？
ひろ　「ガラケー時代に携帯を持ち始めた人は、今でも習慣で持ち続けている」って意見もあるみたいですね。
ホリ　俺、ガラケー時代から携帯を持ってたけど、別に使いたくないよ。まあ、「おサイフケータイ」を使いたいという理由で、ガラケーを持っている人はいるかもね。

ひろ　おサイフケータイは一部のアンドロイドは対応していますけど、iPhoneは対応していないので、「iPhone＋ガラケー」みたいに2台持ちなんて人もいますよね（iPhone7から対応）。
ホリ　でも、おサイフケータイもいらないかなー。別にプラスチックカードでよくない？
ひろ　でも、「Suica」とかを財布に入れなくていいので便利ですよね。堀江さんもアンドロイドで、おサイフケータイを使ってませんでしたっけ？
ホリ　俺、メインで使ってるのはiPhoneだし、おサイフケータイを使うためにアンドロイドを鞄から取り出すのはめんどくさい。それならマネークリップにカードを挟んでおいたほうが全然便利だよ。それに、おサイフケータイは機種変するたびにクソ面倒な作業が必要だったりするし。
ひろ　そんなに苦労したんすか？
ホリ　うん。しかも、落として画面を割ったときとか移し替えができなくなったから、カードにしたんだよ。
ひろ　ガラケーに話を戻すと、「バッテリーのもちがいいから」っていう理由で使っている人も多いですよね。ガラケーって構造的にディスプレイが小さいし、常駐アプリが使われないので、バッテリーのもちがいい。これは大きなメリットですよね。
ホリ　確かに。
ひろ　ガラケー全盛の頃って、一回充電すれば1週間くらいもってましたよね。でもスマホは1日ももたないことのほうが多いですし。

ホリ　俺はｉモードを使いまくってたから、今とそんなに変わらないけどね（笑）。

ひろ　あらら。そんで、今、携帯のメーカーは〝ガラホ〟の開発に乗り出してるんですよね。

ホリ　ガラホって「ガラパゴススマートフォン」の略で〝端末はガラケー、ＯＳはスマホ〟のこと。ガラケーでスマホのアプリが使えるようになったってことね。

ひろ　でも、これって微妙じゃないですかね。〝ガラパゴス〟って言葉が入っていることからわかるように、日本独自の基準なので海外には展開できない。そんで、日本国内の需要もスマホに流れつつありますし、人口だって減っていく。そすっと、販売数が稼げないので、端末の価格を相当高くしないともたなくなる。

ホリ　そうだね。

ひろ　ガラケーを使っている人って、「安いから」という理由も多いと思うんですよ。となると「高いお金を払ってまでガラホを使いたい人って、そんなにいるのか？」って話だと思うんです。

ホリ　そう考えるとガラホの未来は明るくないよね。

ひろ　「世界一進んでいる」といわれている日本のモバイル市場ですけど、国内の端末メーカーはアップルやサムスンなどの海外勢に見事に負けています。それは作っているのが「日本でしか売れない端末」か「世界中で売れる端末」かの違いだったりしますよね。これって、いつものパターンで、歴史から何も学んでいないような。

ホリ　アップルなんかは日本のメーカーと正反対のスタンスで、積極的に古いテクノロジーを捨てているよね。例えば、ＭａｃのＰＣにはフロッピーとかＤＶＤドライブは搭載されてないじゃん。

最初は批判も多かったけど、今では当たり前でしょ。いつまでも古いテクノロジーを捨てられない日本企業はやっぱりヘンだよ。

ひろ　そう考えてみると、5年先にはなくなっていくかもしれないガラケーやガラホに投資をするのって、経営者としてヘンだなぁと思いますね。

ホリ　そうなんだよ。なんでこんな短期的な客のワガママに応えようとするのかわからない。単に経営陣が「自分も使ってるから」みたいな理由もあるのかね？

ひろ　確かにガラケーは、年輩のお偉いさんが使ってそうですよね。ガラホなんかより、最低限の機能の安いスマホを作るほうが、企業としてはまだ見込みがありそうな気がしますけど。

ホリ　ほんと、どうしようもないよなー。

ひろ　結局は「ゆでガエルの法則」ですよね。カエルを熱湯に入れるとびっくりして逃げ出すように大きな変化には気づきやすい。でも、徐々に水を温めていくと慣れてしまって、だんだん熱くなっていることに気づかない。そんで、気づいたときには、すでに手遅れになっているわけです。

ホリ　中国では「シャオミー」みたいな勢いのあるメーカーも出てきたし、日本のメーカーは、すでに手遅れになってるのかもね。

30 『ビートたけしのTVタックル』に出演。もっと建設的な議論をしたかった［2015］

ホリ　俺たちが出演した『ビートたけしのTVタックル』（テレビ朝日・2015年6月22日放送）の内容がネット上で話題になってるってんだって。俺はオンエアすら見てないんだけど（笑）。

ひろ　そうなんすか？　僕も見てないです……（笑）。ちなみに、見てない人のために内容を簡単に説明すると、テーマは「ネットに規制は必要か？」。で、僕らは「規制は必要ない派」だったんですけど、「規制すべき派」の人たちは、犯罪動画とか殺人予告とか、さらし行為の例を挙げて「インターネットは犯罪の温床だ」と。

ホリ　ネット規制派の人たちはみんなヘンだったよな。

ひろ　ええ、まあ（笑）。

ホリ　んで、「実名登録制にすれば犯罪は抑制される」って意見があったけど、俺は関係ないと思うんだよね。

ひろ　これは放送でも言いましたけど、韓国はネットを使うときに登録制なので実名がわかるんですよ。でも、犯罪は依然として起こってます。それに、ネット犯罪もそこまで減ってないっぽいですよね。

ホリ　ネットの影響で犯罪が増えたんじゃなくて、バカなやつが可視化されただけって話なんだけど、そこに食いついてきたんだよな。「それは嘘だ。〝明らかに〟生放送や動画を（事件や犯罪に）利用することで快感を得ている」的なことを言ってた。

ひろ　〝明らかに〟って言ってますけど、その人の感想でしかないんですよね。客観的な根拠を示してない。

ホリ　そのへんをわかってもらえないんだよなー。

ひろ　ネットいじめの話だってLINEのせいにされていますけど、ネットが登場する前からイジメが存在していることや自殺しちゃう人がいることは誰でも知ってるわけです。ネットが登場した後でイジメの件数が増えたってデータがない以上、議論にならないんですよ。

ホリ　規制派は「被害者をどう救済するか？」って言ってたけど、それってネットどうこうよりも、警察の捜査能力を上げるべきだってことでしょ。

ひろ　ネット掲示板は匿名制ですけど、殺害予告をした人は警察に捕まってますよね。そういう意味では、今でも救済はできているんですよ。ってことで、規制を強化する前に、違法なことをした人をきちんと捕まえる方法を考えたほうがいいのかと。

ホリ　だね。

ひろ　ネットへのさらし行為も、現状の日本の法律には触れていないですからね。それは規制うんぬんではなく、そもそもの法整備の問題ですよ。犯罪者を野放しにして、規制だけ増やしても意味がないですから。

ホリ　そだね。政治家の仕事は法律をつくることなのにね。

ひろ　そんで、日本でネットの規制をつくってもサーバーが海外にあると手に負えなくなりますからね。日本の法律が適用できない海外に置いていたらどうすることもできないし、海外の警察と協力してもイタチごっこになる可能性もある。

ホリ　やっぱり規制よりも警察の捜査能力を上げていくほうが重要だと思うよ。遠隔操作ウイルス事件でも4人を誤認逮捕したわけだし、まだまだ日本の警察はネットについて知らないことが多い。あとは、世の中には犯罪行為をマネするやつがいるんだから、むやみに報道しないことも大事だと思う。

ひろ　っていう建設的な議論を僕はしたかったわけですが、番組ではそうならなかったようなわけで……。

ホリ　意味わかんないのが、「インターネット黎明期に活躍してたおふたりが質の悪いユーザーを放置してたから」って意見。それって、意味不明じゃん……。

ひろ　なんか堀江さんキレてましたよね（笑）。

ホリ　「何言ってんだコイツ、まったく関係ねーじゃん」って思ってた。あと、「ネット文化にはオリジナリティがない」って発言。

ひろ　ユーチューバーとか『踊ってみた』『歌ってみた』とかはほとんどが既存のもののコピーって言ってましたけど、オリジナルの曲を作る人がいて、その曲にオリジナルの振り付けをする人やオリジナルの踊りをする人が実在してるわけで、コピーじゃないんですよ。ニコニコ動画の管理人をやってた僕が言うんだから、間違ってないはずなんですよね（笑）。

ホリ　だから、テレビだと建設的な議論をするのは難しいと思ったんだよね。どうしても時間制限とかあるし。

ひろ　規制をすることのデメリットを説明する時間がなかったのと、相手側に理解するだけの知識がなかったので、そりゃあ難しいよなぁと。まあ、普段からネットを使ってない人は、なくなっても困らないですからね。

ホリ　どーせロクな使い方をしてないんだろうけど、あなた方が享受してる今の便利な生活を支えているのはネットだということがわからないのはヘンだよ。

ひろ　例えば、ネットのない時代の人の中には「ネットなんてなくても就職活動にはまったく困らないだろう」って思ってる人がいますけど、今の時代、ネット使わないでまともに就職活動するとかまず無理ですよね。

ホリ　そう。〝放射脳（事実を曲解・誇張して放射能の脅威を主張する）〟の人たちと同じで、何言ってもわかんないだろうなー。あー、もっと建設的な議論がしたかったなあ。

ひろ　ですね。

31 中国が宇宙開発を爆進！日本は抜かれてしまうのか？［2016］

ひろ 堀江さんのとこでやってるロケット事業、順調に進んでますか？

ホリ この前も燃焼試験に成功したよ。これで打ち上げが現実味を帯びてきたね。

ひろ へー、楽しみっすね。今回はロケットがテーマですけど、今、中国の勢いがすごいみたいですね。なんでも「宇宙強国」を目指してて、5年以内に110回もロケットを打ち上げる計画があるとか。

ホリ 日本人は「中国のロケットって大丈夫なの？」って思う人も少なくないと思うけど、実際はかなり技術が進んでるんだよ。最近はハリウッド映画にも中国の宇宙船が出てくるし、『オデッセイ』って映画では中国のロケットに救われてたし。

ひろ 中国のすごいところってリスクを取れるところですよね。過去に「長征3号」っていうロケットの打ち上げに失敗して、村が丸ごと消滅したのに、中国はその事故を〝なかったこと〟にして開発を継続したらしいんですよ。日本では考えられないですよね。

ホリ 日本だと非難囂々《ひなんごうごう》だろうね。

ひろ ロケットは失敗した数だけ技術が向上していくので、モラル無視で実験できる国には勝てないですよね。なので、先進国が中国に追いつくのは社会システム的に無理なんじゃないすかねぇ。

日本のロケットもいまいちパッとしないですし。

ホリ　日本は技術力だけじゃなくて、予算規模でも中国に追いつけなくなりつつあるよね。

ひろ　てか、中国やアメリカみたいにお金持ちの国じゃなきゃ、まともに開発できないですよ。でも最近は、アメリカも国のお金に余裕がなくなりつつあるので、新規開発は民間の企業に任せる方向ですよね。

ホリ　アメリカの話でいうと、スペースシャトルがうまくいかなかったのが大きいよね。スペースシャトルって、貨物と人を一緒に打ち上げるから、高い安全基準が必要になって、どうしてもコストが高くなってしまう。コストの問題でいえば、ぶっちゃけ、あの翼は宇宙では意味がないし、むしろ危険なんだよね。

ひろ　じゃあ、なんで翼がついていたんですか？

ホリ　一番の理由は予算を取るためだよ。当時のアメリカ国民はベトナム戦争とアポロの月面着陸に飽きていたの。そこで「カッコよく宇宙に行けるよ」って国民にアピールをして予算を取る必要があった。そのために翼をつけたの。しかもスペースシャトルって、テキサス州やフロリダ州といった南部の雇用維持のためにつくられた計画でもあったから、やめたくてもなかなかやめられなかった。

ひろ　アメリカの宇宙開発って雇用問題と直結していますよね。

ホリ　で、アメリカがスペースシャトルをやり始めたら、それをほかの国もマネしたんだよ。

ひろ　うまくいったものをマネするのが効率的ですからね。ちなみに、日本はどうなんすか？

ホリ　日本はまだアメリカに追いついてないね。
ひろ　中国が他国に追いついてから、どういう発展をするのかってのは興味ありますね。
ホリ　でも中国って、実は打ち上げに適した土地ってあんまりないんだよね。ロケットって東側に打ち上げるんだけど、その方向にはほかの国がある。ヨーロッパもフランス領ギアナから打ち上げることが多いし、北朝鮮は特に大変だよね。ロケットの軌道が必ず日本を通ってしまうから。
ひろ　日本はどうなんですか？
ホリ　土地的にはめちゃめちゃ恵まれてるよ。日本は自転スピードが使える東側に海しかないし、北海道とか九州南部などの人口密度の低い場所もある。その上、部品調達できる産業が、これだけ密集してる国なんて珍しい。
ひろ　地理的に有利な日本ですけど、何が足りないんですかね？
ホリ　日本の場合は技術力というより、お金のつぎ込みが不十分なんだよ。それに、もし防衛省とかがロケットを造るってなると「弾道ミサイル」だって確実に国内外から批判されるし。
ひろ　技術的には一緒ですからね。それで北朝鮮も「事実上のミサイル」って非難されてましたし。
ホリ　アメリカは科学技術の予算が桁違いなんだよ。例えば、火星探査機「キュリオシティ」に投下された開発費は1800億円以上。これってＪＡＸＡの年間予算を超えてる。だから日本は、「有人飛行」とか夢があって予算を獲得しやすいテーマで、もっと世論に呼びかけるべきだったよね。

ひろ　バブルの時代とかお金があるときにガチで予算を突っ込んでたら可能性はあったかもですよね。ただ、お金の問題が解決できても「誰が責任取るのか」ってことで、できなそう。

ホリ　だね。有人飛行をやらないのは「人が死んだときに責任が取れない」とか、そういう感じだからでしょ。

ひろ　となると日本のロケット技術は、ロシアやアメリカの民間ロケット会社と契約する方向になるんでしょうかね。日本政府が堀江さんのようにロケット事業をやっているような民間会社を支援するとは思えないですし。あと、日本人のヘンな特性だと思うんですけど、外国の会社が失敗しても「しょうがないよね」ってことになりますけど、日本の会社が失敗するとめちゃめちゃ責任を追及しますよね。

ホリ　そうだね。

ひろ　日本って、リスクも取れなくて、お金もない。んで、研究者の待遇も悪い。そうなると優秀な人でロケット好きだったらほかの国で研究しようってなっちゃいますよね。

ホリ　うん。日本はヘンに決断ができないから、後れを取っている部分が大いにある。でも、責任問題は行動力の差でしかないんだよ。本当にもったいないなあと思うよ。

ひろ　ですね。

32

人工知能が勝利した囲碁対決。勝因は「地味な作業」と「力業」［2016］

ホリ　人工知能が人間と囲碁対決をして圧勝したことが話題になってるよね。グーグル傘下のディープマインド社が開発した「アルファ碁」と「世界最強の棋士」といわれている韓国のイ・セドル九段が戦って、人工知能が4勝1敗だったみたい。

ひろ　最終的に人間が勝てなくなるのはわかっていたんですが、思っていた以上に早かったですよね。

ホリ　将棋やチェスに比べて囲碁は複雑だから、最近まで「人工知能が人間に勝つのはあと10年かかる」ともいわれていたんだ。それを覆したからこんな大騒ぎになってるってことね。んで、ディープマインド社の創設者デミス・ハサビスって人が天才だって話題になってるわけだけど。

ひろ　まあ、「開発者が天才」ってことを否定するつもりはないんですが、今回勝った決め手って、どちらかというとグーグルの資金力だと思うんですよね。

ホリ　だね。

ひろ　一説によると、アルファ碁のサーバー費用は60億円かかるらしいですよ。で、ＣＰＵが１２００個とかあるらしいので、パソコン１２００台分ってことになる。

ホリ　すげえよな……。

ひろ　将来的に人工知能が人間に勝つという予測は、「コンピューターの計算能力が上がる」から「画期的なアルゴリズムが開発される」からだと思われていたんですけど、今回のアルファ碁を見て「豊富な資金力で計算能力を上げまくる」ってのが選択肢として抜けていたなと。例えば、「この暗号を1台のパソコンで解くには1万年かかります」って言われたら、けっこうかかるなぁって思うのが普通なんですけど、今回のアルファ碁の場合だと「だったら1万台のパソコンを用意して1年で解いちゃおうよ」って感じなんですよね。

ホリ　そんなこと、資金力がないとできないよね。

ひろ　えぇ。だから、「資金力があるところが本気を出すと計算力はとんでもないことになる」ということで、僕が見ている限りでは、アルファ碁は画期的なアルゴリズムで挑んだわけではなく、お金の力で勝利したと思うんですよ。

ホリ　でもさ、それってグーグルのお家芸でもあるよね。グーグルのメインサービスである検索エンジンでも似たようなことをしているから。昔「アルタビスタ」っていう検索エンジン会社があって、そこは大型コンピューターを使っていた。一方のグーグルは何千台というパソコンサーバーを並べて対抗した。〝コロンブスの卵〟というか、コンピューターの数で勝負した形なんだけど、このやり方をしたから今のグーグルがあるともいえる。検索エンジンと同じことを囲碁ソフトでもやったってことだよね。

ひろ　確かに、圧倒的な計算力で他者が追随できないモノを提供するのはグーグルの得意技ですよね。アルファ碁もアルゴリズム的には、2006年から使われている「モンテカルロ木探索」のほぼ発展版なので特に目新しさはないですし。

ホリ　でも、世間の反応を見てると「アルファ碁がどうしてその手を打ったのかわからない」とか「人間の理解を超えてる」って話になってるみたいなんだよね。

ひろ　冷静に考えればわかるんですけどね。例えば、ヘリコプターを造るときに「プロペラの枚数」や「エンジンのサイズ」「エンジンの個数」「燃料の種類」「価格」とか、いろんな要素を決める必要がありますけど、グーグルは各条件に適当な数字を入れて計算して「一番いい結果だったやつを選ぶ」という、ある意味シンプルなアルゴリズムを使っている。なので、「どうしてその手を打ったのか」っていう疑問の答えは、「統計的にそっちのほうが勝率が高いから打ちました」ってだけなんです。

ホリ　そうなんだよ。でもイノベーションって本質的にはそういうもんじゃん。

ひろ　ええ。人間ってどこかに理解できないポイントがあると、「何かすごいことがあった」みたいな理解をしますけど、実際には地道な作業の延長線上のことが多いんですよね。今回だって、もし「量子コンピューター1台で勝った」なら、本当にすごいことですけど、実際は「膨大な数の地道な作業をやっている」だけですから。

ホリ　うん。多くの人はイノベーションを「存在しないものをつくったとき」って認識してると思うけど、それはイノベーションじゃなくて「インベンション（発明）」だから。発明と革新は別物だから。

ひろ　ですね。だから、アルファ碁はイノベーションだと。

ホリ　そう。よくスティーブ・ジョブズとかと比べて「日本人はイノベーションが起こせない」みたいなことを言うでしょ。でも、彼らのやっていることは地道な作業の積み重ねだったり、力業だったりするわけ。それをカッコ悪いと思わずに「それでもいいんだ」って割り切って突き進むことが大事なんだと思う。イノベーターって一歩踏み出すのが得意なわけで、発明をするのはそれほど得意じゃなかったりするからね。

ひろ　あと、日本社会ってイノベーションを起こすことが難しい環境なんですよね。力業って日本だとあんまりいい評判にならないじゃないですか。「金の力でやったんだろ」みたいな批判がどうしても出てくるわけで。イノベーションが生まれづらい状況って、日本にとって良くないわけですけど、何年かしたら変わると思います？

ホリ　うーん……。何か成功事例があれば、状況は少し変わるかもね。

ひろ　そうすかねぇ。成功事例があっても、なんかつぶされそうな気がしちゃうんですよね。日本には人の成功を嫉妬して足を引っ張る人とか、「金でなんでも買えると思うな教」とかのヘンな人が大勢いますから……。

ホリ　まあね。でも、そんなことしてたら、ホント、日本はやばい状況になるよ。力業でもなんでもいいから突き進まないとね。

第5章

「事件・若者文化」のヘン

ハロウィンで警官コスプレとかヘンじゃね？
やっぱ逮捕ネタは鉄板かなと……
HAPPY HALLOWEEN
ニッ

33 Facebookストーカー殺人、LINE殺人未遂……。未成年にSNS規制をしたほうがいいのか？［2013］

ひろ　2013年に広島で「友人がLINEを無視したので、足首を縛って川に落とした」という高校生の殺人未遂事件がありましたよね。最近はLINEやFacebookといったSNSの危険性を強調するニュースが多い感じですね。

ホリ　東京・三鷹で起きた女子高生殺害事件（2013年）も「犯人と被害者が出会ったのはFacebookがきっかけだった」っていう報道があったよね。

ひろ　んで、SNSの利用に関して、LINEのID検索機能を18禁化するといったような規制は始まっているらしいですけど。

ホリ　これって「危険だから子供にナイフを持たせない」ってのと同じような話じゃね？　別にSNSがあってもなくても殺人は起こるわけだし、そういったトラブルをなくすには教育とか社会の仕組みを地道に変えていくしかないと思う。だから、むやみやたらに新しいテクノロジーを批判するのは本質的じゃないんだよね。

ひろ　まぁ、SNSができる前からアナログな世界で普通にあったことがネット上で可視化されるようになって騒がれている面もあるわけです。とはいえ、未成年が赤の他人と連絡できるツールがあるっていう状況は、いかがなものかなぁと……。例えば、悪意のある大人が中高生の女の子たちに「嵐のライブチケットあるけど一緒に行く？」って無差別にメッセージを送ったら、けっこうな割合で引っかかっちゃうと思うんですよ。

ホリ　アホな子は簡単に引っかかっちゃうだろうね。つーか、アホな子をどうやって引っかけるか工夫しているわけだし。

ひろ　ええ。スパムメールも10万人のうちひとりくらい騙される人がいるから、いまだに続いているわけですしね。

ホリ　結局、「アホな子をどこまで保護するのか」と「利便性」とのトレードオフなんだと思うよ。

ひろ　まあ、賢い子が危険性をわかった上で利用するのは別にいいと思うんですよ。僕たちが子供の頃にこっそりエロ本を見ていたように、やっちゃいけないとわかってて、その後ろめたさを持ちながらルールを破っちゃう場合とか。

ホリ　え、後ろめたさって何？　てか、エロ本って「青少年保護育成条例」っていう条例レベルの話であって、法律に違反する〝違法〟ではないよね。しかも、供給側を規制する条例だから読む側には罰則もない。そういう構造になっている以上は罪の意識なんて最初からないでしょ。

ひろ　罪ではないんですけど、法律がどうであれ「やっちゃいけない」といわれていることをやったら、後ろめたさや罪悪感って普通は持ちませんかね？

ホリ　いや、やっちゃいけないかどうかなんて個人の意識の差によるでしょ。例えば、女性の浮気って、現状、刑罰はないけど、戦前の日本では姦通罪だったわけだし、韓国は今でも違法。じゃあ、今の日本人で浮気に罪悪感を持つ人ってどれくらいいるの？って話で。

ひろ　でも大人が「浮気は悪いことです」って未成年に言ったら、悪いと思っちゃう人のほうが多いですよね。

ホリ　いや、俺が言いたいのは「エロ本を見ること＝いけないこと」って多くの人が誤解しているように、大多数の人は単なる誤解に基づいていろんなことに罪悪感を持ってしまっているってこと。18歳未満にエロ本を売ることは違法だけど、18歳未満側が閲覧することは制限されてないんだから。てか、今思ったんだけど、取り締まる当局側はこの誤解を大いに利用してるのかも。偶然なのか意図的なのかはわかんないけど、大多数が違法だと誤解して罪悪感を持つのを利用してるんだよ。売春と同じように。

ひろ　売春と同じって⁉

ホリ　例えば売春防止法では個人間の売春の場合って、双方が違法って形になるんだけど、罰則はないんだよね。罰則があるのは組織的な売買春の場合。

ひろ　個人間の売春の場合、売春の事実を客観的に証明するのが難しいからでは？　例えばキャバクラ嬢を連れ出してブランドバッグをプレゼントした後にホテルへ行った場合、「売春」なのか「恋愛」なのかって感じで、裁判所とかの司法が混乱するのを避けるためってのはあるんではないかと。

ホリ　それもあると思うよ。それにプラスしてリスクテイク（危険を承知で行なうこと）してる賢い子たちを罰しないという狙いも含まれていると思う。じゃあ、ひろゆきは、アホな子たちが被害に遭わないようにするためにはどうしたらいいと思うのよ？

ひろ　とりあえず、被害者が出ているサイト側に自主規制とかの自浄努力を期待するのはムダでしょうね。企業にとってみれば未成年の被害者が出ていても、そのシステムやサービスは利益を上げるから続けているので、コンプガチャのようにユーザーが損をしまくっても行政がルールを決めるまでは基本的に放置するっていうスタンスをとるはずでは？　しかも自浄努力ができているなら、児童保護に関して「出会い系サイトより安全」といわれているようなＳＮＳのサイトのほうが被害者が多いなんて状況にはなっていないわけで。

ホリ　で、具体的には？

ひろ　僕的には、法律や社会常識を知らない子供たちを法で制限することには無理があると思っているので、大人側を規制するってのが普通なのかなあと。

ホリ　今はコンテンツやサービスを供給した側が罰せられつつあるけど……。

ひろ　ええ。だから利用する側の子供たちを罰するんじゃなくて、それを見せちゃった事業者に対する罰則を規定するみたいなのが得策だと思いますけどねえ。

ホリ　まあ、結局、そういうことになるんだろうけど、そのためにＩＤ検索の規制をするとかってのは、単にコンテンツやサービスに接する機会を奪うってことになって、さっきも言ったけど危ないからナイフを持たせないようにしたり、臭い物にはフタをするって感じだと思うんだけどなあ。

34 フランスで同時多発テロが発生。現地にいた、ひろゆきからの報告［2015］

ホリ　フランスのパリで悲惨な同時多発テロが起きたとき、ひろゆきはパリにいたんでしょ？　どこにいたの？

ひろ　滞在先の部屋でゴロゴロしてました。事件にまったく気づかなかったんですよね。んで、テロ当日の夜中に外出してみたんですけど、さすがに外を歩いている人も車も全然見なかったです。金曜日の夜だったので、普段ならカフェが開いてたりするんですけど、みんな閉まってましたし。ただ、翌日にはエッフェル塔とかには普通に観光客はいました。

ホリ　テロの後でも、数日たてば街もだいぶ落ち着くでしょ。

ひろ　そうっすね。街角で自動小銃を持った警官はよく見かけましたが、週が明けたら通常どおりの生活に戻ってましたし。パリ市民たちは「テロへの抵抗は普段と同じ生活を続けること」だってちゃんとわかってる感じですね。そういえば、堀江さんはパリでテロが起きたとき、イタリアのローマにいたらしいですね。

ホリ　そうそう。「次はローマを狙う」なんて声明も出てたけど、ローマには大きな影響はなかったね。

ひろ　そうだったんですね。

ホリ　で、同時多発テロに関してはいろんなニュースがあったけど、そのひとつに国際的ハッカー集団「アノニマス」がＩＳに対して宣戦布告したことがあったね。

ひろ　ＩＳ関係者のＴｗｉｔｔｅｒアカウントを停止したらしいっすね。僕は、こうした彼らの行動は一定の効果はあると思います。

ホリ　ＩＳからすれば、自分たちの存在をアピールできないと埋没してしまうからね。派手な爆弾テロもその一環だといえる。だから今、世界中でテロやＩＳ関連の報道が過熱してるけど、報道すればするほどＩＳに興味を持つ人が増えて、人材がどんどん集まっていくんだよ。事件を報道することも大事だけど、それが兵士たちのリクルート活動にもつながりかねないから、考えものではあるね。

ひろ　僕、このまま長期化して消耗戦になると、ＩＳのほうが有利になる気がするんですよ。

ホリ　そうだね。だからフランスはテロ直後にすぐさまシリアにあるＩＳの拠点を爆撃したし、ロシアもＩＳの拠点を大規模に空爆したり、大きな打撃は与えてるみたいだよ。

ひろ　確かにＩＳの主な収入源である油田を爆撃する作戦を展開してますけど、ＩＳ側が欧米人の人質を油田に張りつけて、その動画をネットにアップしたら、むやみに爆撃できなくなる可能性がありますよね。そすっと油田からの収入が入り続けるわけで、テロの資金源がずっとキープされることになるわけです。

ホリ　うん。そしてＩＳへの空爆や資金・麻薬などの供給を遮断したりしている国に対してのテロが頻発する。今の時代、火薬やプラスチック爆弾は比較的簡単に作れるからね。

ひろ　で、厄介なのが、ＩＳのシンパが難民に交じってヨーロッパ中にいることですよね。

ホリ　例えば、テロリスト同士の連絡は公開鍵暗号方式を利用したメッセンジャーでやりとりすれば当局にバレることはないからね。だから、テロを完全に防ぐのはどうしても難しい。

ひろ　そうするとテロを減らすことはできても根絶はできないので、そのうち欧米では「中東に関わるのはもうやめよう」ってムードになる気がします。ベトナム戦争（１９６０～１９７５年）のときも、「なぜアメリカ人が遠いアジアの国で死ななきゃいけないの？」って、アメリカで非戦思想が広まったことがありますよね。今回も長期戦になると「行ったこともない中東のためにお金と人命を出すのって、うちの国はやらなくていいんじゃない？」みたいな意見が出てきそうな……。

ホリ　あと、テロに関していえば、同じ時期に機内に持ち込まれた爆弾によってロシアの飛行機がエジプトで墜落した事件があったよね。大都市の空港は厳戒態勢でテロ対策をしてるけど、田舎にあるリゾート地の空港はセキュリティがゆるゆるだったりするから、同じようなテロが起きる可能性は高い。

ひろ　ですね。

ホリ　だからといって、イスラエルのテルアビブ空港みたいなガチガチの厳戒警備は勘弁してほしいよね。まあ、そのへんのバランスは難しい問題ではあるんだけど。

ひろ　テルアビブ空港は「世界一警備の厳しい空港」っていわれてますからね。テロでいえばもうひとつあって、Ｆａｃｅｂｏｏｋのキャンペーンが話題になってましたよね。

ホリ　自分のプロフィール画像をフランス国旗のトリコロールカラー化する機能でしょ？　日本で

はそれをやっている人が叩かれたりしたみたい。

ひろ　僕、あのキャンペーンに参加している日本人の画像を見ると、なんだかなぁって……。

ホリ　なんで？

ひろ　Ｆａｃｅｂｏｏｋ上の友達にフランス人がいれば、フランス国旗化するのはわかるんですけど、日本人の友達しかいない人がやっても日本人だけにしか伝わらないわけで、「結局、誰にアピールしたいの？」って思うわけですよ。

ホリ　まあね（笑）。それに「テロの犠牲になっているのはパリだけじゃないよ」っていうコメントもあったし、実際に俺もそう思うよ。

ひろ　なので、プロフィール画像をフランス国旗化している人を見ると、どうしても「いいことしてますアピール」に見えちゃうんですよね。

ホリ　俺は別に不快感はないけどね。方法はどうであれ、大事なのは実質的にテロがなくなることであって、そのための行動は人それぞれだと思うから。まあ、そんな細かいことをうだうだ考えても仕方ないので、テロがなくなるような具体的な方策を考えるなり探すなりして、自ら行動したほうがいいとも思うけど。

ひろ　ええ。プロフィール画像をフランス国旗化するより、例えばフランス製の製品や食品を買ったほうがよっぽどフランスを応援することになると思います。

35 大人が仮装して街中を歩く。日本版ハロウィーンは、ありだよ！［2014］

ひろ　ここ最近、日本でも盛り上がりつつあるハロウィーンですけど、2014年は特にすごかったみたいですね。月末の金曜日ってことも影響したと思いますけど、ネットでもマスコミでも、大きく取り上げられていましたし……。

ホリ　ちなみに、俺も仮装したよ！　LINEスタンプでもはやってる〝楽天パンダ〟の格好をしたんだけど、楽しかった（笑）。しかし、当日の東京・六本木交差点はヤバかったなー。渋谷もヤバかったって聞くし、電車も遅れてたりしたんでしょ？

ひろ　ハロウィーンって、3年くらい前は、「仮装して山手線に乗ってる外国人がうるさい」みたいに冷ややかな感じだった気がするんですが、去年ぐらいからイベント化してますよね。

ホリ　ただ、盛り上がるのはいいけど、ハロウィーン後に路上に放置されたゴミの問題とか批判も多いみたい。確かに、うるさいし、ゴミは汚いし、ジャマだから仮装しない人にとってはめんどくさいかもね。

ひろ　どんなイベントでも規模が大きくなると、副作用はあるかと思いますけどね。ゴミ問題は何かしら対処の仕方があると思いますし。んで、ハロウィーンに便乗した痴漢もあったらしいですけど、昔から人混みの中で痴漢する人はいたと思うので、そういう人がちゃんと逮捕されるようになったってことかと思います。クールジャパン的な感じで、地方自治体がコスプレイベントを始めたりして、日本でもコスプレがブームになってますけど、ハロウィーンはその延長線上のような気がしてます。コスプレをするという、非日常を望む層は増えてそうですし。

ホリ　そういう意味では潜在的にコスプレをやりたい人口はまだまだ多いから、来年はもっとすごいことになりそうだよね。ＳＮＳで共有できる時代だし、周りが仮装してるから誰でもやりやすくなった的な感じでしょ。

ひろ　２０１４年のワールドカップ・ブラジル大会もそうですけど、今の時代って、みんなで一緒に何かをするっていう「イベントの大規模化」が激しいですよね。

ホリ　それがグローバル化の本質だと思う。これから、こういったイベントはグローバル化していくと思うし、各地で独自に進化していくでしょ。

ひろ　ハロウィーンって本来は、家にカボチャを飾ったり、子供たちがお菓子をもらいに近所の家に行くってイベントでしたよね。その要素は薄くなっている気が（笑）。

ホリ　確かに。でも、コスプレイベント的になっても問題ないと思うなー。

ひろ　てか、アメリカのアニメイベントのコスプレ衣装は、ハロウィーンの使い回しだったりするんですよね。日本のコスプレイベントだと、初日と2日目で衣装を替えたりしますけど、外国は去年と同じってのはザラにあります。

ホリ　ビジネス的に見ると、ハロウィーンに絡めた仮装街コンとか仮装合コンとかがあったりするのかもね。この手のイベントは、どんどんアイデアが生まれていくだろうし、ハロウィーンが盛り上がれば、ドン・キホーテとか東急ハンズとかの売り上げも上がるじゃん。日本の経済が回るって意味ではいいんじゃないかな。

ひろ　ハロウィーンは若者を中心に盛り上がってますけど、「貯蓄している年配層にもお金を使ってもらって、経済を回してほしい！」って、意見もあるみたいで。まあ、僕的には、年配層にお金を使ってもらうより、「若者の収入が増えない」という構造を変えるほうが先なんじゃないかと思うのですが。

ホリ　若者の給料が増えないのは構造の問題なのかなあ？　ひとりひとりの心がけのような気がするんだけど……。

ひろ　現状だと、年を取った正社員を解雇できないルールなので、若者を雇いたくても雇えない会社は多いかと。それに非正規雇用だと、散財している余裕はなかなかないですよね。「日本円は安くなるから貯金するより使ったほうがいい」という意見もあるようですが、それなら外貨預金でもしたほうがいいと思うのです。

ホリ　つーか、収入は増えなくてもいいんじゃないの？　みんな何にお金を使ってんのかな？

ひろ　「転ばぬ先の杖」として、貯蓄する流れはあるらしいですよ。

ホリ　まったく理解できん（笑）。

ひろ　それに、手取り13万円とかの人も普通にいると思うのですが、そのレベルの給料で子供を育てて家族を養うとか、無理ゲーですよね。

ホリ　子供とかつくらなきゃいいのに……。

ひろ　平均的な給料をもらってる人でも、給料のほとんどを貯金に回すって人もいるみたいで。毎年、「ボーナスの使い道は？」ってアンケートがありますけど、貯金が1位になっていたりするので、あながち嘘じゃないかもですね。

ホリ　その人たちに聞きたいんだけど、なんのための人生なの？　老後のための人生じゃないでしょ？

ひろ　ただ、本当にお金が必要なときに遊びに使っちゃって、「使えるお金がありませんでした」っていう状況は避けたいのでは？

ホリ　でもさ、普段から周りの人間と信頼関係を築いていたら、親とか兄弟とか、肉親じゃなくても友達とか同僚とか、もしものときにお金を貸してくれるんじゃないの？　むしろ、そういう頼れる人がいないほうがよっぽどヤバいと思うし、お金をセコセコためるよりも、そういった信頼関係をつくっておくほうが大事だと思うけどなー。

36 バレンタインデーにホワイトデー、恋愛系イベントって盛り下がってない？［2015］

ホリ　なんか最近のバレンタインデーって、盛り下がってる気がしない？

ひろ　バレンタインデーって、「女性から男性に愛を告白する日」だったりしますけど、最近の傾向は「友達に日頃の感謝を伝える日」という意識が強くなっているみたいですよね。ですから「友チョコ」をあげるほうが多くなったらしくて……。

ホリ　友チョコって、女性同士で贈り合うやつだよね？　数年前からよく聞くようになった。

ひろ　ええ。友チョコが一般的になったおかげで、女性は「男性にチョコをプレゼントしなくていい」という言い訳ができたと。そんで、今後はバレンタインデー自体が廃れていくんじゃ？っていう声もあるみたいです。

ホリ　そうかも。ちなみに、俺は当日、そこそこチョコレートもらったけどなー。

ひろ　……。んで、盛り下がっていると感じるのは、チョコを贈る友達が多くなりすぎたってのがあるかもしれないですね。それで、やめる人が多くなったとか。

ホリ　今は、リアルな友達だけじゃなくて、ソーシャルの友達もいるからね。

ひろ　ええ。例えば大学生の場合、学校やサークルだけじゃなくて、バイト先にも友達がいるわけですよね。そんで、今はソーシャルメディアを使って中学や高校時代の友達ともずっと連絡が取れたりするので、チョコをちゃんと渡すとなるとひとりで数十個とかになってしまうわけです。
ホリ　それに、友達の数が多いと、安いチョコでも相当な出費になるから。
ひろ　「誰が誰に本命のチョコレートを渡した」って情報も、サークル内とかで共有されやすくなっているわけで、うかつに本命の相手にだけ渡すとかも難しくなっているんじゃないですか。だから、ある年からスパッとやめちゃうという判断をする若い人は多いんじゃないですかね？
ホリ　まあ、そうだね。
ひろ　イメージ的には、今の年賀状と同じ状況にあるんじゃないかと。堀江さんはバレンタインデーについてどう思います？
ホリ　まあ、正直、あってもなくても、どっちでもいいかなー。ちなみに、2015年はバレンタインデーが土曜日だったから、会社とかでは「前日にチョコを渡すべきか」って話題になっていたらしいけど、まあ、ほとんどの会社は休みなわけで、義理チョコを渡すかどうかは関係なかったでしょ。
ひろ　というか、バレンタインデーって、本来は宗教行事ですよね（※7）。それにかこつけた日本のお菓子メーカーがチョコを配るイベントとして定着させたわけで。……ってな背景を持ったイベントなので、僕的にはイベントに参加したい人だけが参加すればいいんじゃね？って思うんですよ。会社とかで、ほぼ義務的にチョコを配らされる女性とかはかわいそうですし……。
ホリ　「お金もかかるし、準備もめんどくさい」って思う女性は多いだろうね。だから、そこは〝嫌われる勇気〟を持つというかさ（笑）、思い切ってやめればいいんじゃない？

ひろ　ええ。

ホリ　で、ホワイトデーには、男性側も「お返しに何を選んだらいいのかわからない」って意見もあるし、お互い面倒だったりするわけでしょ。

ひろ　なんか、最近はチョコとかの現物ではなくて、代わりにＬＩＮＥスタンプを贈ったりするってのもあるみたいですね。

ホリ　あー、そう言われてみれば俺のところにもけっこう来たね。

ひろ　おぉ……そうなんですね。まあ、そのほうがお手軽だし、これからＬＩＮＥスタンプで済ませちゃうってのがはやったりするんですかね？

ホリ　いやー、どーかなー……。まあ、今までより手軽にはなっていくとは思うけど。

ひろ　でも、「チョコ以外でもいいじゃん！」「ＬＩＮＥスタンプでいいじゃん」とか言い出すと、「そもそも、バレンタインデー自体をやらなくていいじゃん」ってことになると思うんですよね。年賀状とかバレンタインデーのチョコって、あくまで気持ちの問題ですし。

ホリ　確かにね。

ひろ　ただ、年賀状は「義理年賀状」とかないし、「喪中なので……」という逃げ方がありますけど、義理チョコは上手な逃げ方がないんですよね。だから、何度も言いますけど、チョコをあげたい人が配るのはいいんですが、チョコをあげたくない人が、配らずに肩身の狭い思いをするのはちょっとなぁ……と。

ホリ　だから、やっぱりいやならあげなくていいんだよ。もらったほうもめんどくさいなら返さなくていいじゃん。どうせ、年賀状みたいにもらっても返さない人は返さないんだから。

ひろ　そうですよね。

ホリ　若い人には多いと思うんだけど、世間に流されないで自分の気持ちに素直に動く、そういう考え方ってヘンなのかな？

※7　**バレンタインデー**
諸説あるが、ローマ時代、士気が下がるとして兵士の結婚は禁止されていたが、キリスト教のバレンタイン司祭は若者たちを密かに結婚させていた。それが発覚し、司祭は2月14日に処刑される。その後、この日が「恋人たちの日」となった。

37 「今年の抱負はなんですか？」とふたりに聞いてみたところ……［2015］

ホリ　この手の質問って年末年始にはだいたい聞かれるんだけど、俺、新年の抱負とかないんだよ。年中やりたいことだらけだし、今やってることをこなしていくだけで精いっぱいだもん。年が明けても、それはただの通過点でしょ。

ひろ　世間的には「来年から気合いを入れ直して頑張るぞー！」って人は多いみたいですけどね。

ホリ　俺なんて暦とはまったく関係なく働いてるけど、日本人は年末年始を強く意識する人が多いよね。

ひろ　んで、年末年始は家族と一緒にいるので、「とりあえず子供に抱負を言わせるか」みたいな感じなのでは？　あと「旅の恥はかき捨て」って言葉があるように、過去をなかったことにする文化もあるので、「過去は過去で、新年から新しい自分で頑張ります」的な感じなのかと。

ホリ　いやいや、今すぐ頑張ろうよ！

ひろ　そうなんですよね。例えば、「来年は英語を勉強しよう！」って言う人がいますけど、本当に必要なら今すぐやればいいわけです。なんですぐにやらないのかっていうと、自分の人生が毎日の連続性で成り立っている実感がないからなんだろうなぁと。んで、「今はやりたくないけど、年が明けて新しい自分になったら、きっとやれるだろう」みたいなヘンな期待感があるんじゃないですか。僕は「いやいや、年が明けても明けなくても、君の人生なんだからやればいいんじゃない」って思いながら見てますけどね。

ホリ　そういうやつに限って新年になってもなかなかやらないし、続かないんだよなー。

ひろ　あと、日本人って「やりたくない」ことを「やれない」って表現しますよね。「お金がかかるから、それはやれない」とか「親がダメだって言うからやれない」って理由をつけますけど、それって最終的には「お金を払ってまでやりたくないってことだよね？」とか「親に逆らってまでやりたくないってことだよね？」っていう個人の気持ちの問題です。なのに、周りにできない理由があって、「そんな自分がかわいそう」と思う雰囲気があります。

ホリ　そうやって言い訳し続けているやつほど、生活やお金をなげうってまで好きなことをやっている人を見ると批判するから意味不明だよな。

ひろ　そこらへんの〝自分のせいなのに周りのせいにすること〟と〝新年と過去との自分の連続性がない〟ってのが、日本人の特徴的な部分なのかなぁと思います。あと〝集団の責任にすることで誰の責任でもない〟みたいなのも、日本人好みな感じですよね。アメリカだと不祥事があったときには「一番偉いやつが責任者だろ？」ってことでトップが辞任しますよね。一方の日本は、「政治家本人は把握していませんでした。秘書がすべて悪いんです」みたいな理屈が普通に通っちゃう。例えば、吉田証言などの慰安婦報道で不祥事を起こした朝日新聞の社長は、最初辞任しないで逃げようとしてましたけど、あれは「俺の責任じゃないだろ！」って思ってたんじゃないですかね。

第6章

「政治」のヘン

38 北朝鮮のミサイル問題、一番有効な対策とは？［2013］

ひろ　北朝鮮のミサイル問題が話題になってましたよね（2013年4月頃）。北朝鮮のミサイル発射に備えて、国内でもPAC3（地対空誘導弾パトリオット）が配備されたりして割と大騒ぎになりましたけど……。

ホリ　てか、ひろゆきは今回の北朝鮮のミサイル問題についてどう思ってるの？

ひろ　北朝鮮の立場からすると、当然のことをしただけだと。北朝鮮って自力で食料を賄うことができないし、資源もお金も満足にない国じゃないですか。だから近隣諸国からの支援に頼ることになるんですけど、その要求が丁寧なのか、脅しなのかの違いかと。

ホリ　うん。

ひろ　そうすると、もう強気に出るしかない。そのためには武器が必要で、まずは長距離ミサイルを造ったと。それがさらにエスカレートして核を造っちゃったという感じじゃないですかね？

ホリ　でも、周りの国が北朝鮮を追い込むから、そうなるんだよね。近隣の国はもうちょっとソフトに扱ったほうがいいんだよ。例えば日本のマスコミって、国民を煽るだけ煽って「北朝鮮は叩き潰さないといけない」みたいな世論をつくってるじゃん？　これってよくないよね。

ひろ　みんな感情的になっていて、その先に起こる事態を想定していないのかと。

ホリ　だから、むしろ俺はお金をたくさんあげたほうがいいと思ってる。あるテレビ番組に出演したとき、「ミサイル防衛費の1兆円をどうする？」っていうテーマだったんだけど、俺は「北朝鮮に1兆円を無償で援助したらいいんじゃないの？」って言ったの。

ひろ　はいはいはい（笑）。

ホリ　ミサイル防衛に1兆円使うなら、その金をそのまま北朝鮮にあげたほうが相手は喜ぶし、仲良くなれるんじゃないの？って。

ひろ　支援し続けるっていうのはアリですよね。仮に毎年1000億円を北朝鮮に支援していたら、北朝鮮が日本を攻撃する可能性は少なくなりますよね。わざわざ支援してくれる国を攻撃する必要はありませんし。

ホリ　人って親切にされるとうれしいからね。

ひろ　でも一般論は、「支援はいやだ」というものですよね。だから支援するよりも武力を増強して国を守ろうと考えるわけで。

ホリ　でもさ、それってチキンレースになって、結果的に戦争が起こるのが世の中の常だと思わない？

ひろ　お互いに防衛費を上げていくことになりますからね。

ホリ　どちらにとっても損になるんだったら、敵に塩を送ったほうが賢明だと思うんだよ。俺は、北朝鮮に対してなんの感情もないんだけど、そもそも北朝鮮に対して本気で怒ってる人ってどのくらいいるのかな？

ひろ　うーん、本気で怒っている人はけっこういると思いますよ。「日本がなめられている＝自分がなめられている」と感じている人の割合って高いとは思います。

ホリ　いいじゃん、なめられたって。今後、北朝鮮で民主化の動きはあると思う？

ひろ　軍事国家で民主化にうまく成功した例といえばミャンマーがありますよね。ただ、ミャンマーはそれほど軍事力が高くなかったので、ほかの国を攻撃するという選択肢がなかった。

ホリ　でも北朝鮮は軍事力があるだけじゃなく、核保有国だよね。

ひろ　核を持っているだけで北朝鮮の軍事力レベルは世界のトップ10に入るんじゃないですかね？

ホリ　北朝鮮としては、中国みたいにうまく経済を発展させたいというのが本音だろうね。今は武器や麻薬、偽札を輸出して外貨を稼いでいるようだけど、中国的な開放政策が成功すれば民主化も可能なんじゃない？

ひろ　例えば、北朝鮮はウランなどの鉱物資源や地下資源がけっこうあるので、レアメタルが発掘されて国が豊かになれば民主化も可能かもしれないですよ。それで、世界中から欲しいものが買えるようになって、幸せだと感じるようになれば、わざわざほかの国と戦争をする必要がないわけですし。

ホリ　今は鉱物資源を採掘する技術も資金もないから宝の持ち腐れ状態だろうね。だから、うまく外資を入れていけば経済発展していく可能性は十分にある。というか、日本以外の国は実際に北朝鮮に参入しているしね。

ひろ　ロシアはそうですよね。

ホリ　ドイツとかもね。「北朝鮮は開かれていない国で、世界中から嫌われている」って思っているのは、実は日本人とアメリカ人くらい。アメリカ人もビジネスベースの人は現地にいるから、実際に北朝鮮を嫌っているのは日本人だけなんじゃないかな。

ひろ　日本人でもビジネスベースの人は北朝鮮で事業をやっているんじゃないですか？

ホリ　いや、日本は外為法違反で捕まるからできないんだよ。実際に捕まっている企業もいっぱいあって、例えば中国・大連経由で北朝鮮と密貿易を行なっていた企業もある。それに、そういう企業を捕まえると世論が味方になってくれるから警察も喜んで捕まえるし。

ひろ　へー、そうなんですね。

ホリ　それに、北朝鮮は少しずつ開放政策を行なっているから、日本にとってはよくない方向に進んでいるよね。

ひろ　資源開発によって外国の企業がものすごく儲かったとしても、北朝鮮のすぐ近くに位置するはずの日本は蚊帳の外と。

ホリ　そう。昔、中国が開放政策を行なったときは、日本にも親中派の人がいたから企業も中国に進出していた。だけど、今回は大きなビジネスチャンスに乗り遅れる可能性もある。やっぱりビジネスって大事だからね。こんなことを言うと「堀江は商売や金のことだけか！」ってまた批判されるだろうけど、事実、経済がうまく回ってる国って国民も幸せなわけだから。そこはきちんと考えないと。「武士は食わねど高楊枝」なんて無理なんだから。

39 クールジャパンな企業に1500億円の支援を決めた政府をクールと言えるか？［2014］

ホリ　日本文化の世界発信につながるような産業、いわゆる〝クールジャパン〟を支援している官民ファンド（海外需要開拓支援機構）が、（2014年に）今後5年間でベンチャー企業などに1500億円の投資をすることを決めたらしいね。これって利権でしょ？（笑）

ひろ　言い換えれば、「1500億円の利権争い」ですよね。

ホリ　あと、同じ時期に経産省もベンチャーの支援策を発表したみたい。そのテーマが「次のアップル、グーグル、Facebookは日本から出す！」。なんつーか……。

ひろ　こういうのを官僚に任せるのってどうなんですかね？　彼らって実際の市場のことを知らないわけですよね。そんで、中途半端な企業に投資して失敗するっていうのがいつものパターンかと。なので、ベンチャーに限らず政府が「この会社はいける！」とか判断して投資をするのは、やめたほうがいいと思うんですよね。

ホリ　だね。

ひろ　それで何が起こるかというと、支援された企業って政府の補助金で潤うので、わざわざ海外で熾烈な競争をしなくなりますよね。んで、その企業の技術が海外に進出していない間に、外国の安くて安定した技術が世界の市場でシェアを取りまくると。

ホリ　官僚って、国民の財布を自由に操ってクソみたいな事業をたくさんつくり出すから、マジで厄介だよな。俺、日本の文化を本当に発信したいなら〝祭り〟がいいと思うんだけど。例えば、ハリウッドスターを祭りに参加させて、その様子をまとめたロードムービーを映画にするとか、YouTubeにアップすれば、かなり話題になると思うんだよね。

ひろ　男性器をかたどった神輿を担ぐ「かなまら祭り」とか、日本にはユニークなお祭りがけっこうあるのに、世界にはあまり知られてないですよね。

ホリ　そうそう。うまくアピールしたら参加者も10倍とかに増えそう。阿波おどりとか博多祇園山笠、YOSAKOIソーラン祭りとかをもっと発信すべきだよね。

ひろ　飛び抜けてダンスがうまいわけでもなく、スタイルがいいわけでもないアイドルを推すぐらいなら、日本独自の不思議なものを発信して、外国からの観光客を誘致したほうがいいかと。

ホリ　ミシュランガイド（※8）とかが絶対掲載しないような汚いけどウマい店とかも、外国人にウケると思うなー。

ひろ　あと、日本人が当たり前だと思ってるものでも、外国人には珍しいものっていっぱいあるわけで。鮮魚を流通させてる国なんてほとんどないですし、定食屋さんもなかなかないですよね。

ホリ　しかも、定食ってリーズナブルな割にウマいしね。今は東南アジアとかで日本食のブームすごいもん。

ひろ　なので、わざわざ新しい商品やコンテンツを作らなくても、日本の日常生活のレベルはけっこう高いので、十分、競争力があると思うんですよね。むしろ政府は、国内の企業が競争力を持つための足場づくりとかに徹するべきですよ。

ホリ　そうだね。それに、政府に頼らなくても自力で成長していくような企業じゃないと、世の中を発展させるようなサービスをつくるのは無理だからね。

ひろ　そういえば最近、アプリで名刺を撮影するとデジタル保管してくれるサービスとかはやってるらしいですよね。実際は人力でデータを入力しているらしいんですけど……。で、この前、どんなもんかと思って、ティッシュペーパーの箱を撮影してみたら、ちゃんと「エルモア」って登録されてました（笑）。

ホリ　名刺の自動登録って、便利なサービスではあるけど、俺はもらった名刺を見返すことなんかほぼないからね。連絡とかはＦａｃｅｂｏｏｋで十分だし、ＳＮＳに登録してない人とはあまり仕事したくないし。まあ、俺も名刺を持ってるけど、俺の場合はノベルティグッズみたいなもんだからね。

ひろ　忘れてもそんなに困らないですよね。

ホリ　名刺も、サラリーマンが仕事で着ているダークスーツみたいなもんで、意味ないと思いつつも周りの目が気になってやめられないんだろうな。

ひろ　まあ、今では名刺は海外でも当たり前になってるみたいですけど、昔は日本の文化だったわけですからね。……って感じで、脱線気味の話を元に戻してみました（笑）。でも、名刺も別に政府が強烈にバックアップしたわけではないですよね。

ホリ　おもしろいサービスやニーズがあるものは勝手に広がっていくんだよ。だから、政府が自ら投資したりするんじゃなくて、もっと日本の文化を広めやすい環境をつくるとか、そっちのベクトルに進むべきでしょ。

ひろ　そうですよね。そのへんをきちんと整備することのほうが、優先順位的に先なんじゃないかなと思いますけど。

ホリ　このままだと、またヘンな事業を支援して、税金のムダ遣いをやりかねないよ。

※８　**ミシュランガイド**
フランスのタイヤメーカー「ミシュラン」が発行するレストランなどのガイドブック。評価は星の数で示され３つ星が最高。３つ星店には東京・銀座の寿司店「すきやばし次郎本店」や恵比寿のフランス料理店「ガストロノミー　ジョエル・ロブション」などがある。

40 安保法案可決。反対デモはムダだった？［2015］

ひろ　ここのところ安保法案の話題で持ち切りでしたね。堀江さんの「ＳＥＡＬＤｓ」のデモに対するコメントも話題になっているようで……。

ホリ　彼らの小さな行動が国を間違った方向に導くかもしれないから否定しただけ。だって、法案の中身をちゃんと読めば「戦争法案」でも、「徴兵制を復活」させるような内容でもないことがわかると思うんだけど。「このままでは戦争に突き進む」っていう間違った雰囲気に流されてる人が多いんだよ。

ひろ　でも、安保法案って違憲に当たる可能性がかなり高いわけで、本来なら憲法改正すべきですよね。

ホリ　だから、デモをしている人たちを本気で納得させるには憲法を改正するしかないんだよ。そうなると、もっとすさまじい反発が待ってるわけじゃん。

ひろ　でも今回、「多数派の与党であれば憲法に違反してても法案が通っちゃう」という実例ができたわけですよ。ってなると、日中戦争のときみたいに国家総動員法とかが提出される可能性もあるのでは？

ホリ　いやいや、いくら多数派の与党だってあまりにもむちゃな法案は通せないでしょ。今回の安保法案だって、「必要だ」と思った人がそれなりに多かったから受け入れられたわけでしょ？

ひろ それはわかります。でも、憲法の範囲を国会議員が勝手に変えるのはまずい気がします。なので、「政府の暴走を止める手段がなくなった」ということが、「国全体が間違った方向に導かれる」ってことだと思います。そして、この状況をまずいと思わない人が多いことにも危機感を覚えるんですよ。

ホリ まずいと思ってる人はいるでしょ。それに、あくまでも憲法解釈でやってるわけで、もし違憲なら、司法には「違憲立法審査権」があるんだから、そこに委ねればいいだけの話じゃん。

ひろ でも、裁判所がきちんとした判決を出すことから逃げそうなのが、日本社会の信用ならないところですよ。一票の格差とか憲法違反でも放っておかれることってありますから。

ホリ まあ、三権分立のなかで司法が弱いのは事実。でも、それは最高裁判所裁判官の国民審査が機能してないからでもあるでしょ。

ひろ 今って、選挙のときに最高裁裁判官としてふさわしくないと思う人に「×」を書きますけど、実際に罷免された人はいないんですよね。あの方式ってかなり微妙じゃないですか？

ホリ まあ、ふさわしい人に「○」を書く方式にするだけでだいぶ変わると思うよ。そして、ちゃんと審査されるようになれば三権分立も進むはず。

ひろ ですよね。そんで、国民審査のやり方を変えることが政治をよくするわけですけど、この話って国民に理解してもらえるんですかねぇ……？

ホリ ほとんど理解されないでしょ。それに憲法違反だということに怒ってデモに参加している人は全体からすると少数でしょ。なら、国会前でデモするより国会議員になったほうがよっぽど効果的だよ。

ひろ 直接的な影響力や効果ではそうですよね。とはいえ、デモをやる意味はあるんじゃないかと。

ホリ どういうこと？

ひろ 法律は国会議員たちの多数決で決まるように、世の中にはルールが明示されているわけです。でも、国会前に集まっている人たちは、たぶん「俺らはそんなの知らないし、騒げばなんとかなるだろ！」と思っているわけです。そして、そんな彼らが次の選挙のときまで今回のデモのことを覚えていれば、大きな影響力を持つかもと思うんですよ。

ホリ まあ、覚えてればね。

ひろ 彼らは熱しやすく冷めやすい人たちでしょうからね……。んで、彼らの行動は失敗に終わったわけですが、今回のフィードバックを次回に生かせる人が何割出てくるかだと思うんです。あと、個人的には「若い人たちが大騒ぎする社会になったんだなぁ」と興味深く見ていたりします。

ホリ 「SEALDs」は10代や20代の学生たちが中心になって活動しているんだよね？

ひろ 「ゆとり世代」とか「さとり世代」とかいわれて、「社会に対して諦めている」ってイメージを持たれていましたけど、こうやって行動しちゃうタイプの人もそれなりに出てきているのはおもしろいですよね。

ホリ 若い世代が意見を言うのはいいことなんだけど、間違った方向に暴走しやすくもあるから、注意が必要なんだよ。

ひろ　もうひとつ思うんですけど、最近やたらと「物事が理解できないこと＝恥ずべきことじゃない」って考えが広まってる気がするんですよね。

ホリ　それはあるかも……。

ひろ　「騒いでもなんにもならないんじゃない？」って冷静な意見は、彼らにすれば自分たちが否定された気分になるわけですよ。でも、彼らは反論をするのではなくて、その発言者を攻撃することで反論した気分になっちゃう人が多い。安倍晋三首相をバカ呼ばわりしたりとか……。

ホリ　俺も「金儲けだけ考えてろ」とか、「元犯罪者」とか人格批判されてるけどね。

ひろ　もともとメディアって限られた人しか参加できなかったので、それなりに頭のいい人が発したものばかりだったじゃないですか。ところが今は、携帯とかがあれば誰でも発信できるようになったわけです。

ホリ　なるほどね。それはＳＮＳの負の側面でもあるよね。

ひろ　自分の見たいものだけを見られるようにクラスター化されちゃいましたからね。ほんと、論理性が低いことを恥じる文化がなくなっちゃった気がしてますし、それによって「ヘンな人が増えたな～」という気もしています。

41 選挙権年齢が18歳に引き下げ。この改正の意味するところは？［2015］

ホリ　改正公職選挙法が成立して、「20歳以上」から認められていた今の選挙権年齢が、今後は「18歳以上」に引き下げられるんだけど、「やっとそうなったか」って感じだよね。

ひろ　ちなみに、世界的には18歳から選挙権を持っている国のほうが多いので、日本もやっと国際標準に追いついたってことですかねえ。

ホリ　そだね。

ひろ　てか、この公職選挙法の改正って一気に決まった感じなので、知らない人もけっこういるんじゃないですか？

ホリ　うん。今回の選挙権年齢の引き下げは、憲法改正に向けての動きの一環であることは間違いないと思うし、このスピード感は安倍政権にとって憲法改正が重要事項ということの表れでしょ。

ひろ　選挙権年齢の引き下げについて、「バカな若者にも選挙権を与えることで、改憲の票を増やす狙いがあるんじゃ？」って言う人もいるみたいですけど。で、その人たちに言わせれば、「60～70歳の高齢者は絶対に戦争反対なので、安倍政権は若者を利用して、憲法改正を進めようとしてる！」っていう感じみたいです。

ホリ　うーん、それは関係ないんじゃないの？　国民投票法（※9）の関係で引き下げただけだと思うけど……。

ひろ　２０１４年に国民投票権が18歳以上に引き下げられましたからね（ただし、投票日が平成30年6月20日までの国民投票は、満20歳以上となる）。

ホリ　そうそう。

ひろ　僕としては、若者の有権者が増えることで、結果的に日本が良くなればいいなぁと思いますけどね。例えば、その国にいる有権者を「お金を稼ぐ層」と「誰かが稼いだお金を使う層」に分けたときに、お金を使う層が過半数を占めちゃうと、その国は危ないと思うんですよ。

ホリ　債務不履行（デフォルト）の危機にあるギリシャとか、まさにそうだからね。

ひろ　ええ。それにギリシャって総人口の10％ぐらいが公務員なんですよ。で、公務員の給与はかなり優遇されていたりします。そういう状況だと、「頑張って稼ぐ」よりも「働かないでもお金をくれる」政策を支持する人が多くなるのは、当たり前っちゃ当たり前なわけで。

ホリ　少子高齢化の日本は、高齢者が多くの票を持っているから「シルバー民主主義」なんていわれてるよね。２０１５年5月17日に行なわれた大阪都構想の住民投票だって、60代までは都構想に賛成する人が多数いたのに、高齢者層がひっくり返したなんていわれているわけでしょ。

ひろ　そうですね。僕は、別に高齢者が票を多く持つこと自体は悪くないと思います。ただ、実際問題として働かないで年金や生活保護をもらっている割合が多い世代なわけですよ。んで、自分たちのことを考えてくれる政治家を応援するのは当たり前なわけで、そうなると「働かないでも、もらえる金額を増やそう！」っていう政策を掲げる政治家が有利になっちゃう。そういう状況って、国にとってどうなのかなと……。

ホリ　今回の選挙権年齢の引き下げで、新たに選挙権を得る若者は240万人、全有権者数の約2％に当たるらしいんだよ。

ひろ　18歳とかだと学生が多いので、まだ働かずに親の扶養下にいる世代ではありますよね。でも数年以内には、自分たちが高齢者を支える世代になるわけですよ。ってなると、彼らも働く人側の思考で投票行動をしてくれるはずなので、結果としていい方向に向かうんじゃないかなぁと思ったりもします。

ホリ　んー。でも、働かない人たちも都市部に住んでもらって、お金をもらって普通に暮らしていれば、実は、今でもちゃんと養える気がするんだよ。問題は、そういう人たちの間に入って、大金をせしめようとしている業者がいるってことだと思う。とにかく今回の選挙権年齢の引き下げは、一部の人たちが騒いでいるような「日本が戦争に突入するための準備」とかではないでしょ。

ひろ　ええ。

ホリ　そして、これからは選挙権だけじゃなくて、民法とか少年法の改正の議論のほうに移っていくと思うよ。憲法との整合性を取る上でも必要だろうから。

ひろ　となると、「何歳から成人になるのか？」ってな議論とかも始まってきそうな予感ですね。

ホリ　うん。だから、そのうち成人年齢も18歳に引き下げられることになるだろうね。おそらくだけど、飲酒や喫煙、ギャンブルとかも18歳から認められるようになると思う。

ひろ　そうですね。ってな感じで、この選挙権の引き下げのニュースに関しては、今後もいろいろとありそうなので、もうちょっと様子見ってところなんですかね。

ホリ　まあ、これからが本番なのかもね。

※**9　国民投票法**
正式名称は「日本国憲法の改正手続きに関する法律」。2007年に成立した。「国会が憲法改正を発議した後、60日以後180日以内に国民投票を行なうこと」「公務員や教員が地位を利用した投票運動の禁止」などが定められている。

42 軍艦島の世界遺産登録でバトル？なんで日韓はそんなことしてるの？［2015］

ひろ　ついに軍艦島（長崎県端島）が世界文化遺産に登録されましたね。正式には、「明治日本の産業革命遺産　製鉄・製鋼、造船、石炭産業」ってことで、軍艦島以外も含まれるわけですが、該当する地域では盛り上がってるらしいです。でも、最近の世界文化遺産って、どーでもいいようなものが増えている気がしません？

ホリ　だよね。正直、世界文化遺産自体がオワコン化しつつあると思う。

ひろ　世界遺産をそこそこ見てきている僕からすると、初期に登録されたものは見る価値のあるものが多かったんですよ。でも、最近登録されたのは、そんなにおもしろくないものが多いんです。

ホリ　そそ。なんかどーでもいいのが増えたよね。多すぎるっつーか……。ちなみに、日本には文化遺産が15（その後、２０１６年に登録された「ル・コルビュジエの建築作品」に国立西洋美術館本館が含まれ、文化遺産は16に）、自然遺産が４つあるらしいよ。コレ、全部言える人なんてほとんどいないでしょ（笑）。

ひろ　実際問題、海外でもスゲーどうでもいい世界遺産が多く認められていて、世界遺産自体の価値が下がってる気がします。

ホリ　軍艦島といえば、登録を決める国際会議での韓国とのトラブルが話題になったよね。報道では、世界遺産登録に向けてお互いが協力を約束していたんだけど、韓国側が土壇場で「戦時中に朝鮮人労働者が強制労働させられた説明をつけろ」と。

ひろ そんで、日本は「強制労働とはいえない」と反発して、「ｆｏｒｃｅｄ ｔｏ ｗｏｒｋ（働かされた）」という表現でそれを説明したわけです。直訳では「強制労働」を示す言葉なんですが、日本は「これは強制労働を意味する言葉ではない」と言ったために、韓国が怒っている。

ホリ なんか騒ぎすぎっていうか、どーでもよくね？

ひろ たぶん、日本と韓国以外の国は、文言がどうとか大して気にしてませんよね。もっと言えば、海外はその当時の話にあまり関心がないはずです。だって、戦時中は、どの国も多かれ少なかれ、現代の価値観からするとかなりマズいことをしてたわけですから。

ホリ だよね。戦争中のこととかを言い出したらキリがない部分もあるし。

ひろ 外国を無意味に責めると自分の国にブーメランが返ってくることもあるので、むやみに責任を追及しない国も多いですよね。

ホリ で、今回の件で、日本は「韓国は裏切り者だ」と言っていて、韓国は「日本は恥を知れ」とか言ってんでしょ？

ひろ なんか、もっとスマートにできなかったんですかね？

ホリ 問題が起こりそうだと思ったら、事前に調整するなりもっと仲良くやる方法はあったはずなのに。そういう意味ではどっちもどっちだね。そして、こういうことの積み重ねが関係悪化につながっていくんだよ。まあ隣国同士は仲が悪くなりがちだから、しょうがない部分もあるんだけど。

ひろ　国境をなくしちゃうと仲良くなりやすいんですけどね。

ホリ　そう。ＥＵはもともとそういう理念でできたわけでしょ。だから日本と韓国だって、経済とかメディアが融合すると自然と仲が良くなるはずだよ。実は簡単な話なんだよね。例えば、両国で同じニュース番組やドラマが流れてたら、すぐに仲良くなると思う。

ひろ　韓流ブームのときとか、オバちゃんたちが韓国にこぞって旅行に行ってましたからね。

ホリ　ＦＴＡ（自由貿易協定）とかはそういうことだからね。

ひろ　いってみればＴＰＰ（環太平洋連携協定）だってその布石ですからね。ビザがなくなるってのはすでに実現してますし、あとは関税がなくなればＥＵとそんなに変わらなくなりますよ。別に大がかりな作業は必要ないですよ。

ホリ　ＥＵはパスポートもいらないしなあ。あとは通貨をどうするかって問題なんだけど、仮想通貨の「ビットコイン」的なものが普及すると勝手に統合される流れになるよね。

ひろ　ええ。現金じゃない何かが普及するのって、けっこう早く実現する気がするんですよね。てか、今だって海外旅行に行ったときにクレジットカードを使っていれば通貨はほとんど気にしなくていいわけですからね。

ホリ　そうそう。カード会社が勝手に為替換算して決済してくれるわけだから。

ひろ　ってなると、今は日本で働いている人のほとんどが、毎月銀行口座に日本円で給料が振り込まれていますけど、クレジットカードやＳｕｉｃａなどのＩＣカードで決済してる人だったら、ある日、「通貨は全部ドル換算になります！」ってなっても特に普段と何も変わらないんじゃないですか？

ホリ　だから、今後はアジア経済共同体みたいな流れになってくると思う。

ひろ　ＥＵの場合だと、観光地にＥＵ中から泥棒や詐欺師が来て、犯罪を行なうから大変ではありますよね。あとは、企業が優秀な人をＥＵ中から集めるので、能力のないダメな人は就職が難しくなるとか……。

ホリ　だから、いざ導入しようってなると、ダメなやつとか保守的なやつが猛反発するんだろーな。彼らにとっては死活問題だからね。

ひろ　日本は「新しいこと」や「やったことがない」っていうだけで反対する人が大勢いますからねえ。

ホリ　もったいないよね。それで効率が良くなったり、売り上げや給料が上がることもあるのに。日韓関係だってそうだけど、一部の人たちが大騒ぎしすぎていろいろこじらせてるんだと思う。

ひろ　ですよね。

ホリ　日本だって幕末の頃には薩摩藩・長州藩と会津藩はものすごく仲が悪かったじゃん。それで熾烈な戦もしてたわけだけど、だからといっていまだに争ってるわけではないよね。そんな感じで日韓が対立しなくなる日もそれほど遠くないうちに来ると思う。だって、対立してててもお互いに得することなんてないんだから。

ひろ　そうっすね。

43 米大統領候補ドナルド・トランプって意外とヘンな人じゃないよ［2015］

ホリ　アメリカでは大統領選でドナルド・トランプが健闘してるみたいだね。
ひろ　彼も含めて注目されている人たちが、全員異端な存在ってのがおもしろいですよね。
ホリ　トランプは「イスラム教徒をアメリカに入れない」とか、かなり過激なことを言ってるし、ヒラリー・クリントンは「ＵＦＯやエリア51の真相を明らかにすること」を公約に掲げている。
ひろ　最初は「トンデモ候補」といわれていた人たちが意外と健闘してますよね。
ホリ　でも、なんでトランプはこんなに人気なんだろう？　不動産王とはいえ、だいぶブッ飛んでるぜ。
ひろ　僕はトランプさんはすごく頭のいい人だと思いますよ。普通、成功者になるとプライドとかも出てきて、アホだと思われたくなくなりますよね。世間のあまり頭の良くない人たちが喜ぶようなことを言い続けるという恥ずかしい思いをしてまで、何かを成し遂げる必要がなくなるからですが、彼はなんか愚直にやってますよ。
ホリ　確かに大衆が喜びそうな耳あたりの良い言葉が多いよね。
ひろ　この方法だと多くの支持者を集められるんですが、頭ではわかっていても実行できた人って少ないですよね。だけど彼は違った。背景にはテレビ出演とかがあると思うんです。

ホリ　『アプレンティス』（アメリカのビジネス版リアリティ番組）で、「おまえはクビだ！」とか叫んでたんでしょ。

ひろ　テレビに出ることで魅せるための演技力が自然に培われたし、世間やメディアがどうすれば喜ぶかを学習したんでしょうね。

ホリ　俺は演技するの無理だなあ。

ひろ　トランプさんは性格とか髪型がヘンだったりしますけど、能力は間違いなく高いですよ。知識力と頭の回転の速さ、演技力と実績があるってのは相当です。なので、経営者としても演者としても論者としても、あれだけすごい人を「ヘンな人」くらいにしか評価できない世間こそ、ヘンだと思いますけどね。

ホリ　なるほどね……。

ひろ　演技ができて、お金も持ってる人が、ガチで世間受けを狙って大統領選に出るってのが、すごくおもしろいと思うんです。日本と違ってアメリカは国民の投票だけで大統領になれますから。

ホリ　でも、彼はできそうにないことも言ってるけどね（笑）。

ひろ　大統領は権限が大きいので、ある程度のことはできると思いますよ。ただ、イスラム教徒をアメリカに入れないとかは厳しいかなと。

ホリ　まあ、考えてみれば元大統領のロナルド・レーガンも初めの頃は「役者が大統領になって大丈夫？」っていわれてたし。

ひろ　それが、今じゃ優秀だったたって評価ですからね。ってことで、トランプも案外ちゃんとした政策をする可能性もあるんじゃないかなぁと。んで、アメリカって大統領になったら頭の良くない人の支持とかいらないのがいいですよね。日本みたいにマスコミの発表する内閣支持率で政府が一喜一憂しないので、政権運営にムダな労力が必要ない。

ホリ　今回の大統領選を見てて思うのは、日本にはトランプみたいな候補があんまりいないってことだよね。

ひろ　でも元首相の小泉純一郎さんは、そのパターンに近かったんじゃないですか？　今じゃ普通に受け入れられてますけど、郵政民営化とか当時は「おかしなこと言ってるな」って状況でした。僕が毎回投票していた又吉イエスさんくらいの人材が出てこないとおもしろくないですね。

ホリ　あの泡沫候補の……？

ひろ　そうですよ。日本の政治の仕組みって割と良くできていて、かなり変わった人が政治家になっても大して困らないんですよ。法に触れないように国家権力を乱用するのって、けっこう難しいですから。ってことで、ひとりくらいブッ飛んだ人を政治家にしたほうが、政治についてみんな考えるいい機会になる気がしませんか。

ホリ　カナダも44歳のジャスティン・トルドー首相が誕生して、いろいろおもしろそうなことを始めてるし、世界的にも変化の時代なのかもね。

ひろ　とはいえ、日本は相変わらずのままだと思いますけどね。

ホリ　アメリカで過激な候補が人気を集めているのは、新しいリーダーを求めているからってことだよね。平和な日本と違って。

ひろ　アメリカの人たちは、政治や経済をプロに任せていてもリーマン・ショックやらなんやらで経済が崩壊したので「プロより新しい考えを持った人に任せたほうがうまくいくんじゃないか」という期待があると思うんですよ。

ホリ　確かに。じゃあ、新しい大統領が誕生したときの日本への影響はどう思う？

ひろ　どの人がなっても日本は苦労しそうですよね。

ホリ　トランプはアメリカの国益以外、気にしないスタンスだからね。

ひろ　なのでトランプが大統領になると、尖閣諸島問題とか日中のいさかいにアメリカが介入してくる可能性はだいぶ低くなりそうですし、経済的には「われわれは日本から雇用を取り戻さなければならない」とはっきり言ってるので、日本製品のアメリカへの輸出はなんらかの制限がかかったりするんじゃないすかね。

ホリ　ヒラリーも「日本や中国は為替操作をしてきた」って言ってるから、措置は取ってきそう。

ひろ　ってなると、政治的にも経済的にも日本の今の政策がそのまま維持される可能性は低いっすよね。あと、ヒラリーもトランプもＴＰＰには反対なので頓挫する気がします。そうすると、ＴＰＰ＆円安で輸出を増やすっていう日本の政策が裏目に出ちゃうので、今の経済政策の真逆をやらないといけなくなるんじゃないですかね。

ホリ　だね。

ひろ　まあ、個人的には、誰が大統領になってもおもしろそうなので、生暖かく見守っていますけどね。

44 舛添要一前都知事の海外出張費、高いと思うか？ 安いと思うか？［2016］

ホリ　舛添要一東京都知事（2016年6月21日辞職）がめちゃめちゃ叩かれてます。

ひろ　6回分の海外出張費用で約1億5000万円ですからね。アメリカ出張中の1泊当たりの宿泊費が都条例で定められた上限の3・8倍らしいですし。んで、「いくらなんでも高すぎるだろ！」と。

ホリ　でも俺、この批判はちょっと理解できないなあ。だって東京都は世界でも有数の影響力のある都市なんだから、そのトップの人には相応のセキュリティが必要でしょ。高くなるのはしょうがないよ。

ひろ　僕はそもそも、今の基準に疑問を感じてるんですよ。だって、ニューヨークやパリの宿泊費ってやたらと高くなっていて、そのへんを考慮してないと思いますから。

ホリ　欧米のホテルは確かに高くなっているよね。だから俺は、Ａｉｒｂｎｂ（民泊仲介サイト）とか使ってるもん。でも、さすがに都知事が民泊とかあり得ないでしょ。

ひろ　民泊は無理でしょうね。だから「高すぎる」と一方的に批判するのではなくて、実情に合わせて、都市ごとに予算の上限を算出すればいいんですよ。例えば、「ヒルトンホテル」は世界中にあって、設備がどこも似たような感じなので、ヒルトンを基準にすれば都市ごとの宿泊費の目安はすぐに出せますから。

ホリ　ひと口に海外出張といっても、アジアとヨーロッパで物価が違うことを考慮できてないよね。批判する人も条例も。

ひろ　んで、もし定められた金額を超えたら、それは自費で払うようにすればシンプルかと思います。

ホリ　スイートルームに泊まったことも「本当に必要か？」っていわれているよね。

ひろ　例えば、南アフリカのヨハネスブルクとかは治安が悪く、外出するだけで大変なので、会談はホテルの部屋でやるほうが安全だったりするんですよ。だから「単に寝るだけ」なのか「会談の場所として使う」のか「会談なら何人出席する」のか、そしてホテル内で会議室を借りたときと比較してどちらが安いかとかで判断すればいい。

ホリ　ファーストクラスに乗ったことについては？

ひろ　僕的には総理大臣や外務大臣はファーストクラスでいいと思うんですよ。極端なことを言うとビジネスクラスだと同じ便のビジネスクラスを予約して、危害を加えることとかできちゃいますから。でも知事の場合、そこまでは必要ないのかなと。

ホリ　批判を見てると「格安ツアーで行け！」とかヘンな意見も多いわけだけど、それっておかしいよね。つーか、そもそも論だけど、大赤字の自治体ならいざ知らず、東京都は財政的にも問題ないんだから、ここまで叩く必要はないと思うんだよ。

ひろ　ですよね。それに舛添さんは新国立競技場の整備費用などに関して、政府に厳しく反発したこともあるので、オリンピック関連予算で、政府が東京都に無尽蔵にお金をたかれない構造をつくったと思うんですよ。

ホリ そういった部分が、ほとんど報道されてないよね。もし、それを知っていたら、今回の出張費用の問題とかも見方が違ってたかもしれないし。

ひろ なので、宿泊代くらい高くても全然いいやって気はしてます。

ホリ 舛添さんへの批判を見ていると、都知事の能力とは関係ないところで揚げ足を取ってるんだよ。感情論で批判して、また別の人を都知事にしようとするのは、もうやめたほうがいい。だって、トータルで考えると完全に損することになるもん。

ひろ 「スイートルームはムダだ!」と叫んでる人が望んでいるように、舛添さんが辞任したら、そのコストは宿泊代と比べものにならないくらい高くつきますよね。ちなみに、2014年に猪瀬直樹元知事が辞任したときの都知事選の選挙費用は約49億円かかってるらしいです。ってことで、宿泊費うんぬんで辞任させたりすると、本末転倒なんですよ(舛添前知事辞任による選挙費用は約46億円)。

ホリ 「宿泊費は超ケチるけど、都の予算はじゃぶじゃぶ使います!」みたいな人が知事になるよりはよっぽどマシだよ。これ、マスコミの責任は大きいと思う。感情に訴えかけるような批判を流せば視聴率や発行部数が稼げるから、安易に批判してるんだと思う。

ひろ マスメディアは選挙になると儲かるので、辞任して選挙になるのは大歓迎ですからね。

ホリ また都知事選をやると、地方自治体の経済がボロボロになっても庶民の感情を代弁する政治家が当選するよ。

ひろ　例えば「ウチの党に投票したら、都民ひとり当たり現金100万円給付します！」ってマニフェストをつくったら、生活に困ってる人は投票しちゃうと思うんですよね。不況になればなるほど、将来より今の生活を優先することになりますから。

ホリ　アメリカのトランプみたいに政治家としての資質より、人気取りに走ったほうが当選する確率が高くなるわけだ。

ひろ　フランスでも極右政党の国民戦線が議席を増やしてますし、庶民感情を煽《あお》り立てる政党が議席を増やすのは、最近の先進国のトレンドかもです。

ホリ　この状況だと多数決が必ずしもいいとは限らないよ。これって「民主主義の限界」じゃないのかなあ。

ひろ　その意見に賛成です。

ホリ　なんかヘンな世の中になってしまったよね。もう国民国家に代わる新しい仕組みが必要な段階にきているのかもね。

ひろ　そうですね。日本はどうなるんでしょうね。

ホリ　感情論じゃなく、もっと合理的に考えようよ。このままだと、日本は住みにくい国になってしまうと思うんだけどなー。

第7章

「経済」のヘン

45 日経平均株価が暴落したアベノミクス、今後の日本の景気はいったいどうなるの?［2013］

ひろ　アベノミクスって、結局どうなんですかね？　2013年5月23日に、日経平均株価が暴落したときなんかは「アベノミクスは幻想だった」っていう意見もありましたけど。

ホリ　雑誌の特集とかも今は株の話題ばっかりでしょ？　「なんなの、この節操のなさは」ってくらい書いてるよね（笑）。

ひろ　マスコミはすごく騒いでますけど、外貨ベースで考えると、実は日本の株価って、そんなに上がってないんですよね。円安になったから、海外の投資家が買うようになっただけですから。とはいえ、景気は雰囲気だけでも変わるもんですけどね。

ホリ　これって「クールビズ」と同じニオイがするよね。日本人ってクールビズがはやるまでは、痩せ我慢をしてネクタイを外さなかった国民なわけじゃん。で、クールビズがはやりだすとネクタイを外すようになった。それと一緒で、今度は「アベノミクス」ってフレーズに反応しているだけでしょ。

ひろ　そういう〝言葉のマジック〟は僕も感じていて、例えば、「デフレを直してインフレにしよう」っていう話だったから多くの人が自民党に賛成しましたよね。でも「すべての商品の物価を2%上げよう」って言っていたら誰もがいやがって反対するじゃないですか。実際、物価が2%上がるのって、けっこうこたえると思うんですよ。

ホリ　確かに。

ひろ　インフレになったら物価が上がるのは確定じゃないですか。んで、失業率も多少回復したとはいえ、そこまで良くはなってない。就職先も大して増えていない。これって今後、わりとめんどくさい状況になるんじゃないかなと思っているんですけど。

ホリ　どういうこと？

ひろ　結局、アベノミクス前と状況は変わっていないのに物価だけが上がっているじゃないですか。

ホリ　そう？　物価が上がっている感じはしないけどね。

ひろ　燃料費はもう上がっていますよね。イカ釣り漁業者が燃料費高騰の影響で一斉休漁したなんてニュースもありましたし。円安で儲かる会社がある一方で、経営が苦しくなっているところも出ている。つまり、アベノミクスの〝負〟の部分が徐々に表面化してきて、今は「トータルでメリットとデメリットどっちが大きいの？」という局面に入っているんじゃ？

ホリ　そんなこと、よくまともに考えるね⁉　まじめだなあ。

ひろ　僕はこの連載では大人の役割ですから（笑）。

ホリ　俺が景気で思うのは、バブルのサイクルが短くなってるってこと。これは誰も同意してくれない独自の理論なんだけど、景気の波長が短くなってバブルとバブルの境界線が曖昧になっているの。２００８年にリーマン・ショックで景気が落ち込んだけど、２０１３年にはアベノミクスで回復している。これって4、5年のスパンじゃん。「失われた20年」なんていわれているけど、その間にはネットバブル（1999年）とか第2次ネットバブル（2004〜2005年）もあったわけで、要はバブルのサイクルって10年とか20年じゃなくなっているのさ。てか、バブルの何がダメなの？　弾けても景気が悪い時期はせいぜい4、5年だよ？

ひろ　その間は我慢すればいいですからね。

ホリ　いや、我慢する必要もないっしょ。日本のセーフティネットってけっこう整備されているじゃん。例えば、地方に行けば家賃は安いし、メシも安くておいしいでしょ。

ひろ　確かに、不景気になっても飢えて死ぬような国じゃないですよね。「不景気になると自殺者が増える」なんていわれていますけど、それは膨大な借金を負ったというメンタル面で死ぬわけですし。

ホリ　てかさ、そういう人は株の買い方がよくないんだと思う。

ひろ　短期的な浮き沈みを見て一喜一憂しちゃうってことですか？

ホリ　それもあるけど、全財産を投資したりするでしょ。

ひろ　僕、思うんですけど、なんで素人に信用取引をさせるんですかね？

ホリ　証券会社が儲かるから。

ひろ　そうなんですけど、僕は素人に信用取引をさせている法律の意味がわからない。例えば昔のNTTの1株100万円とか、信用取引でなきゃ買えないような株があるならわかるんですけど。今ってそんなにデカい株はないじゃないですか。そうすると、借金をしてまで買わせる法律的な理由がないですよね。まぁ、ＦＸ（外国為替証拠金取引）のレバレッジ制限とかは強化されますけど。

ホリ　ライブドアでもＦＸを扱っていたけど、最初の頃ってレバレッジの限度がなかったからね。

ひろ　結局、多額の借金を負う人って信用取引で失敗した人が多いんじゃないですかね。現物取引なら失敗しても元金が０になるだけで借金は負わない。株もＦＸのようにレバレッジ規制をすべきっていう意見もありますけど、僕はどっちも現物のみにするべきだと思いますよ。金がないなら買わなきゃいいし、それでも大きい金額を動かしたかったら、ほかのところで借金をすればいい。

ホリ　俺はどっちでもいいと思うけどな。借金を負うのは自分の責任だからね。

ひろ　元金100万円でレバレッジ25倍だと、手元に２５００万円があるということになるわけじゃないですか。でも、その額を銀行で借りようとしたら、めちゃくちゃハードルが高い。借金による自殺が社会的な問題になるくらいなら、そういう危険な投資をできないようにするべきだと思いますけどね。

ホリ　というか、借金をしても死ぬことはないでしょ。みんなまじめすぎるんだよ。それに、ヒマだから「ＬＩＮＥバブル」とかにハマったりしてるんじゃないの？

ひろ　まあ、忙しかったら目の前のことで手いっぱいですからね。

ホリ　ヒマだと、いろいろ考えすぎるんだよ。だから、アベノミクスも株も、ヒマなやつが騒いでるだけなんじゃないのかな？

46

日本はアジアナンバーワンじゃない！ すでにシンガポールに抜かれてるって知ってた？［2013］

ひろ　そういえば、この間、シンガポールで堀江さんと会いましたよね。堀江さん的に見て、シンガポールと日本の違いってなんだと思います？

ホリ　なんだろう……いっぱいありすぎて迷う。

ひろ　（笑）。なんか僕、多くの日本人は「アジアで一番の国は日本だ」っていまだに思っているんじゃないかって感じるんですよ。

ホリ　それはあるね。

ひろ　でも、実際にはひとり当たりの収入だとシンガポールのほうがすでに高いんですよ。もちろんシンガポールにも貧乏な人はいますけど、そこまで裕福でもない層ですらけっこうなお金を持っている。例えば、一般的な高校生のお小遣いが200～300シンガポールドルとかで、日本円にすると1万6000～2万4000円くらいだったりする。日本だと5000円とか1万円が普通じゃないですか。そんな感じで高校生のお小遣いレベルでも、けっこうな差がついているんですけど、日本人はこういう現状に気がついていない。

ホリ　なんでその事実に気がつかないんだろうか？

ひろ　知りたくないいんじゃないですか？　アジアの中で一番の国って思っていたい。それにほかのアジアの国々をどこか見下しているところもあるじゃないですか。

ホリ　そうだねぇ。

ひろ　でも、現実はもう追い抜かれてるんですよ。なので、そんな自覚がないまま、これからもシンガポールやアジアの国々との差が大きく開いていくと思うんですよね……。実際に行ってみて感じたことって何かありますか？

ホリ　シンガポールって、清潔感があるよね。

ひろ　確かに、シンガポールにはアジア特有の雑多なイメージってない。

ホリ　まったくないわけじゃないんだけど、清潔好きな日本人は、シンガポールの街の雰囲気は好きだと思う。

ひろ　治安もいいし、銃やドラッグも横行していませんしね。あと、夜中でも普通に外を歩けるので、日本に近いといえば近い。

ホリ　住んでいる日本人も意外と多いしね。

ひろ　シンガポールに住んでいる日本人って多いですよね。今は「日本を捨てる」という選択肢が普通にあって、特にお金を持っている人たちがシンガポールで楽しく暮らしていたりする。

ホリ　それって、日本の税金が高いからなんだけどね。

ひろ　ま、そうですけどね。シンガポールはアジア諸国でも際立って税率が低い国ですから。

ホリ　昔、日本は税金が高いからこれから海外へ脱出する人が増えるんじゃないかっていう話をしていたら、ある経済アナリストが「そんな人は出ていけばいい」って言ってたんだけど、本当にそれでいいのかな？って。

ひろ　実際に日本を出ていく人は経営者とか富裕層の人たちが多いですよね。例えば上場して10億円ほどのキャッシュを手に入れたとするじゃないですか。今まではそういう人たちの収入の40％が税金として日本に納められていたわけですけど、シンガポールに脱出していたら日本には税金が1円も入らなくなる。単に4億円を取り損ねただけっていう話ですよね。現状の日本ってそれをまさにやっているんですよ。

ホリ　そうそう。

ひろ　んで、逆にシンガポールは、特に何もしていないのに外国のお金持ちが納税だけしているっていう謎の儲かり方をしている。

ホリ　まぁ、それは感じるよね。

ひろ　それに、シンガポールって、政治家や官僚の給料が高いんですよ。確かシンガポールの首相が世界の首脳陣の中でも一番高くて、約1億7000万円、大統領が約1億2000万円だと思うんですけど、これってアメリカのオバマ大統領より全然高いんです。

ホリ　オバマだって、かなりもらってるでしょ。

ひろ　いや、オバマ大統領は3500万円くらいなんです。

ホリ　へえ〜。

ひろ　んで、シンガポールは政治家のほかに官僚も給料が高かったりする。しかも、例えば自分たちが管轄する分野のGDPが上がったら、その伸び率と同じ分だけ給料が上がったり、リンクしているんですよ。経済が成長すれば自分たちの給料も上がるという仕組みになっている。だから官僚たちも積極的に経済成長を促すようになる。

ホリ　それ、企業のストックオプション制度と似てるよね。

ひろ　ええ。でもこの制度の恩恵を受けられるのは、ほんのひと握りの人たちなんですけどね。少数のめちゃめちゃ賢い人が、ものすごい高給をもらうっていう仕組みになっている。

ホリ　日本のように大量に官僚を雇用するっていうのとは対照的な仕組みだね。

ひろ　こんな感じで、シンガポールみたいに政治家や官僚に高い給料を払って経済発展がうまくいっている国があるっていうのは、ひとつのモデルとしておもしろいですよね。要は、給料が高ければ優秀な人が政治家や官僚を目指すってことですよ。

ホリ　だからなのか、シンガポールは賄賂とかに対する処罰が重かったりするよね。

ひろ　ええ。日本の政治家や官僚って、給料があまり高くないから汚職とかに手を出すと思うんですよ。それに、汚職じゃなくても政治家って、自分に投票してくれる利益団体に融通を利かせるってのは普通にありますよね。でも、政治家に対する寄付金って、賄賂じゃないかって思うんです。「この法案を通してくれるなら寄付をする」っていうのは票を買っているのと変わらない。

ホリ　まあね。

ひろ　なので、シンガポールみたいに汚職や利益誘導をやらせないようにしている仕組みっておもしろいかなと思ったんです。

ホリ　そう見るとシンガポールもちょっとおもしろい国だよね。

47 安倍政権が最高税率を引き上げ。税金は、今後どうなっていくのか？［2013］

ひろ　堀江さんって、いわゆる「高額納税者」ですけど、ほかの国への移住を考えたことは？

ホリ　うーん、犯罪歴もあるし移住となるとちょっとハードルが高いかも。

ひろ　あぁ、そうでしたね（笑）。この前、大手デジタルコンテンツ会社の社長が「富裕層は日本にいなくなっても仕方ない」という発言をして話題になりましたけど……。

ホリ　「僕は日本が大好きだが、日本は僕らを嫌いなようだ」って言ったってやつね。

ひろ　ええ。今ってシンガポールとかに移住する人が増えてますよね。んで、この発言をした社長さんも国外に行っちゃうのでは？って言われていますけど、もし堀江さんが逮捕されることがなかったら移住とか考えてました？

ホリ　移住とかより、そもそも論として、俺は「どこかの国に定住する必要がない」って思ってるんだけど。

ひろ　ん？　それって言い方を変えると、いろんな国を転々とするってことですか？

ホリ　そうだね。今でも半分そうなってるけど。パーマネントトラベラー（終身旅行者）的な。

ひろ　確かに、堀江さんがどこでお金を生んでいるかというと、堀江さんの頭の中じゃないですか。別に日本にいなきゃできないことではない。なので日本に事業所を持つ会社のように、日本に税金を落とす必要があるのかって言われると疑問ですよね。

ホリ　それは俺も少し考えていて、今やってるメルマガだって、日本じゃなくてシンガポールとか香港から出せばいいわけだから。

ひろ　メルマガの場合、堀江さんが日本に住んでる住んでないに関係なく、まったく同じ事業が継続できちゃいますからね。

ホリ　まあ、実際にシンガポールに移住するとなると、日本よりも居住日数を多くする必要があったりして、けっこうハードルが高いんだけどね（年間183日以上、シンガポールに居住していることが必要）。

ひろ　最近、アメリカ国籍を捨てるアメリカ人が増えてるって話をよく聞きますよ。しかも富裕層じゃなく一般人が。その原因のひとつが、アメリカ人って世界中どこにいても、アメリカに一日もいなくても、国に確定申告をして税金を払えっていうシステムらしいんです（2国間で条約が結ばれている場合は0円になることもある）。

ホリ　海外で働いていても？

ひろ　ええ。なので、例えばスイスで働いているアメリカ人からすれば「なんで住んでもいないアメリカに税金を納めないといけないの？」ってことになるじゃないですか。そういった経緯もあって、アメリカ国籍を捨てる人が増えているみたいなんですよね。

ホリ　納税率って、そのうち世界中でフラット化していくでしょ。

ひろ　EU内ってパスポートがなくても国家間の移動が自由なので、フランス国境付近のベルギー領に住んで、会社や買い物はフランス、税金はベルギーに払うっていうケースもあったりしますよ。日本は島国なので難しいんですけど、電車に乗ればブリュッセルからは1時間20分でパリに行けちゃいますから。だから、EU内では堀江さんが言うようにほかの国に税率を合わせるというフラット化は実際に増えてますけどね。

ホリ 俺的には税金がバカ高くなければ、それでいいんだけどね。

ひろ 社長さんが気にしていたのも、税率が〝収入の半分を超える〟ことっぽいですよね。

ホリ 今までの所得税の最高税率は40％で、1800万円以上の所得から適用されてたけど……。

ひろ で、40％の税率が安倍政権下で45％になり、地方税・住民税も含めると55％になるんですよね。社長さんが気にしていたのは納税率の高さではなくて、「50％という国との折半が我慢の限界だった」と言っているように、所得の半分以上を徴収されることみたいなんですよね。きっと、自分の努力の半分以上を国に持っていかれるっていう心理的なものがあったんじゃないですかね？

ホリ そうかもね。

ひろ ネット上の反応を見ていると、「日本のインフラがあったからこそ儲かったんだから、日本に納税するのは当たり前」っていう意見がありましたけど、それだと、もし社長さんがシンガポールに移住して儲けたら、日本に納税する必要はないってことになりますよね。そうなると、結果的に日本として損になるわけで、そういう仕組みになっていくのはどうなの？って気がしますけど。

ホリ そうならないためにも、所得税は国際標準にしていくべきだよね。

ひろ で、ふるさと納税みたいに払いたいところに払うと……。

ホリ　日本国内向けにネット上で電子書籍や音楽を配信している外国企業に消費税を課税できないことが最近問題になっていたりもするよね。

ひろ　アマゾンも電子書籍の流通センターは海外に開設したみたいですし、「楽天ｋｏｂｏ」向けに電子書籍を提供しているカナダのｋｏｂｏ社もそうですよね。海外から配信すれば消費税がかからなくなるというケースは将来的に増えてくるのかも（消費税法改正により２０１５年10月1日から課税対象に）。

ホリ　日本の消費税も、今後10％とかに上がっていったらあり得るよね。

ひろ　アマゾンやｋｏｂｏは外資系ですけど、日本の出版社とかでも国内に会社を構えて販売しないほうが得だと考えるところも出てくるでしょうね。電子書籍販売部門だけを海外につくって、コンテンツ制作は今までどおり日本国内で行なうって感じで。

ホリ　確かに……。

ひろ　外国企業の非課税については、課税するように関連企業が国へ要望を出したらしいですけど、今のところ合法的な手段なわけですから。それがいやなら税率を抑えるかなんらかの施策が必要になってきますよね（経済協力開発機構が課税ルールを見直し、２０１６年以降、進出国にも法人税をかけられるようになる）。

ホリ　そう考えると、やっぱり税金は世界的にフラットになっていく流れは止められないと思うよ。

48 国家戦略特区の中に法人税特区をつくってほしい!［2014］

ひろ　安倍内閣が成長戦略の柱として掲げている「国家戦略特別区域」ですけど、対象地域が指定されたらしいですね。東京圏や関西圏だけでなく、地方の福岡市や沖縄県も指定されているとか。

ホリ　ほんと、こういう動きはどんどんやってほしいね。

ひろ　特区という仕組みで、新しいことがいろいろ可能になるなら、ぜひやるべきですよね。

ホリ　ただ、一般的に戦略特区って、医療とか教育の問題になることが多いんだけど、まずは法人税特区をやるべきだと思うんだよね。今の法人税制ってけっこうエグくて、法人税だけじゃなくて、株主への配当にも課税される二重課税の仕組みだから。

ひろ　それって国際競争力的にも不利で、日本の企業が国外に子会社をつくる動きがますます増えちゃうんですよね。

ホリ　すると、結局、日本の税収は落ちるんだけど、そのことに気づかない人が多いよなー。

ひろ　総合的な収支を見て判断する人よりも、「消費税が増えるぐらいだったら法人に税金をかけたほうが自分は得」って考える人が多いからじゃないかと。よく「企業の内部留保に課税すれば、日本の不況は解決する!」とか言い出しちゃうような人たちっているじゃないですか。

ホリ　いるよねぇ……。

ひろ　例えば、毎月末に布団を仕入れる布団屋さんがいたとします。その場合って、普通は仕入れのために月初からお金をためますよね。でも、「ためたお金は内部留保だから吐き出せ！」とか言われちゃうと仕入れができなくなってつぶれちゃいます。っていう感じで、内部留保には事業の運転資金が含まれてることを理解せずに、「お金が余ってるんだから、課税したって困らないだろ！」となってしまう。で、そんな人たちが決定権を持つから、おかしなことになると。

ホリ　まあ、膨大な内部留保を抱えてる企業が多いのも事実っちゃ事実なんだけどね。

ひろ　でもそれって、大規模工場を建てる予定があったりとかＪＡＬみたいに退職金の積立金とか、なんらかの理由があって会社がためてるわけですよね。だから、事情も知らない外部の人がとやかく言うのは違う気がしますよ。それに、内部留保の少ない会社って、余裕がない会社ともいえるわけで。

ホリ　リーマン・ショックみたいな金融危機で、少し景気が悪くなるといきなりつぶれることもあるし。

ひろ　なので、法人税を上げることによって逆に税収が減ることがあると、きちんと理解すべきなんですよね。

ホリ　だよね。

ひろ　あと、海外の子会社のほうが税率が低かったりすると、現地で工場を建てて日本の工場が閉鎖になって、「税収は減るわ、雇用は減るわ」という状況で、日本は損してるだけなんですよね。それに、世界から見ると日本って、これ以上の成長が期待されていないじゃないですか。

ホリ　ん、どういうこと？

ひろ　今後、ますます人口が増える国は、市場として消費者も増えるし、優秀な人材も出てきやすいので、期待を持ってその国に進出しますよね。でも、日本の場合って人口が減っていくわけで、若者も少ない。その上、社会福祉によるコストが高くてイノベーションも生まれづらい。ってな国に会社をつくっても、優秀な人材の数は少ないですし、儲かっても課税される割合が高いよね……と。

ホリ　普通に考えると、勢いのあるアジアとかに行くよね。

ひろ　なので、かつてはめちゃくちゃ繁栄していたイギリスや世界の半分を領土にしていたスペインが、今は普通の国と思われているような状況に日本もなるのではないかと。

ホリ　やっぱり法人税制の改革は必要だね。あと、今の仕組みだと損失が繰り越せるからメガバンクとかは、ずっと税金を払ってなかったりしているよね。

ひろ　法人税を高くしても、払わないでいい会社が多いってことですね。

ホリ　それに税率が高いと脱税のモチベーションが高くなる。逆に、法人税が低ければ、摘発のリスクも割に合わないと思うもん。ただ、法人税収は景気の影響を受けやすいんだよね。「消費税は景気の影響を受ける」っていっても、前年比の3分の2になるとかあり得ない。でも法人税なら十分あり得るから。

ひろ　消費税の脱税って、かなり難易度高いですしね。

ホリ　それに「黒字倒産」って言葉があるように、税金を納めるために金を借りる企業もあるし。

ひろ　黒字倒産って、誰も幸せにならないですよね。

ホリ　でも世の中的には、法人税を下げることは「大企業優遇だ」って批判が多いのも事実だよね。それに「少子化対策のほうが先だろ！」って意見もある。

ひろ　うーん、税制に関しては、いろんな問題が複雑に絡み合っているので、どれかひとつを解決すれば、全部丸く収まるみたいな簡単な構造じゃないと思いますけどね。しかも、少子化の問題は各個人の問題なので、政府が「産め！」とかいっても、出生率は簡単に上がらない。でも、税制の問題って、基本的に法律を変えるだけなので、政府だけで決められるんですよね。

ホリ　法人税制は、出生率向上より解決しやすいことではあるね。

ひろ　解決しやすい問題から実行していくのが、トラブル対処の基本じゃないですか。まあ、いきなり中央政府がルールを決めるには判断材料が少なすぎるので、特区でどんどんテストをすればいいんじゃないですかね。特区でうまくいったら、中央政府に採用されるってなると、効率的な社会になっていくんではないかと。

ホリ　そうやってヘンな仕組みが少しでも良くなっていけばいいんだけど。そういう意味では、この安倍内閣の戦略特区には期待したいところではあるよね。

49 ついにカジノ解禁!? でも、日本人が利用できないってなんなの?［2014］

ひろ　政府内でも検討が進んでいると噂のカジノ解禁ですけど、ヘンな方向にいってるみたいですね。

ホリ　日本人はカジノを利用できないってやつね。政府の言い分は、ギャンブル依存症の人を増やさないようにするためらしいけど。

ひろ　つまり、日本人はパチンコだけやっとけってことなんすかね?

ホリ　働く気を奪うって意味ならソーシャルゲームも当てはまるから、全面的に禁止にすればいいのに(笑)。まあ、今回みたいなのは厚労省が口を出したいだけでしょ。

ひろ　僕的には、厚労省が口を出すのなら、パチンコもなんとかしろよって思いますけどね。

ホリ　ああ……。

ひろ　パチンコは出玉を景品に、景品を現金に交換する「三店方式」っていう営業形態なわけですけど、それと同じことをパチンコ以外がやったら違法になりますよね。韓国ではパチンコは違法になってますし。

ホリ　その韓国では、自国民の立ち入りを禁止にしたカジノが失敗してるんだよね。

ひろ　シンガポールのルールがユニークですよね。外国人客は無料で、現地の人は入場料として100

シンガポールドルが必要っていう入場料方式。これはけっこういいんじゃないかと思うんですよね。この入場料が高いとか言う人は、そもそもカジノに行くべきじゃないですし（笑）。

ホリ　うん、入場料方式は賛成。それに、シンガポールではギャンブル依存症の人の場合、家族の申請があるとカジノへの出入り禁止になるんだけど、それも参考にすべきでしょ。

ひろ　僕、カジノ自体には賛成なんです。カジノって、お金が余っている人からうまくお金を巻き上げられる仕組みじゃないですか。消費税アップとかだと、払いたくない人まで払わざるを得ないので困りものですけど、カジノはお金が余った人が自分の意思で参加して、売り上げが税金として巻き上げられるので一般市民としてはオイシイなと。あと、カジノって理論上だと、ブラックジャック以外は客が必ず損するじゃないですか。

ホリ　いや、ブラックジャックの期待値（還元率。掛け金に対していくら戻ってくるかの割合）も98％くらいだよ。

ひろ　ダブルとスプリットってルールが使える場所だと勝率が上がるんじゃないですっけ？

ホリ　カードカウンティング（すでに開けられたカードを記憶して、残りの山の中にどのカードがあるかを推測する方法）をしないと100％は無理だし、今は自動カードマシンが主流で残りの山に何が入っているかわからないから難しいんだよ。まあ、ディーラー相手のゲームだとブラックジャックが一番期待値が高い。100％以上のリターンを得たいなら、客同士が戦うポーカーだけだね。

ひろ　また、それ以前に先に入場料として100ドル払っていると、入場料分も取り返すためには、相当の金額を突っ込まないと無理なんですよね。こんな感じで、カジノがあるだけで外国人観光客の客単価も上がるだろうし、早く進めればいいのになぁと思いますけど。

ホリ　まぁ、カジノ好きな人が多い中国からも近いし、中国人さえ来れば日本人の入店を規制してもカジノの経営はある程度は大丈夫ではあるよね。

ひろ　マカオやラスベガスほどの規模は難しいと思いますけど、そこそこの規模にはなると思うんですよね。んで、ラスベガスだと、ギャンブル依存症向けのＮＰＯみたいなのの連絡先が必ず配られていたりするんですけど、厚生労働省の役人たちはそういう第三セクターみたいなのをつくって天下りすることを狙ってるのかもですね。

ホリ　利権に食い込みたいんだよ。本当にくだらない。まあ、警察とか財務省とかでも、同じようなことは行なわれているけどね。

ひろ　天下り先があったほうが退官後も収入を確保できるので、カジノとかの管理はそういう意味合いが強いですよね。これは官僚側の論理ですけど、天下り先をつくれば優秀じゃない人を外部に出すことができるので、官庁は優秀なまま維持できるって言い分もあるんですよ。これって、ある意味正しい部分もあるような気もしてますけどね。

ホリ　公務員をクビにするのは相当大変だからね。

ひろ　天下り先をつくらない限り、居座る人が大勢出ちゃって、どうしようもなくなるってのもあるわけで。

ホリ　だから民営化が一番楽なんだよね。なんか、法律ができると省内に課がひとつ増えるらしいし。

ひろ　なんらかの活動をするために法律をつくるので、そのための運営機関みたいなのをつくっちゃいますよね。まあ、カジノは外国人観光客だけでもそれなりの売り上げは見込めそうではありますけど、日本人も来ればもっと儲かるのも事実なわけで、つまり警察庁のパチンコ利権とすみ分けをしたいんじゃないのかなと……。

ホリ　ほんと、腐ってるよなー。

ひろ　結局、何が問題かって、お金のない人が賭場に行くのがマズいわけで、それならお金のない人が行きたくないようにすればいいってのが正解だと思います。

ホリ　さっきも言ったけど、このままだとカジノ好きの日本人富裕層を外国のカジノに送ってしまうことになるよね。お金持ちは時間単価が低すぎてパチンコなんかやらないし。

ひろ　まあ、カジノは利益率が高い事業なので免許費用を高くするとか、国内にお金が回る仕組みにしたほうがいいとは思いますけどね。ただ、国全体の収入よりも自分たちの収入を重視する官僚が多いのも事実なわけで、そんなんだとカジノができても本当に日本の税収が上がるようにできるか微妙なところだったりしますよね。

ホリ　本当にそう。なんかヘンだよな。

50 日本を訪れる外国人観光客が急増し、「Ａｉｒｂｎｂ」に注目が！　でも……［２０１５］

ホリ　日本に来る外国人観光客が急増している影響で、日本でも「Ａｉｒｂｎｂ」が注目を集めつつあるよね。まあ、すでに世界ではやってたりするけど……。

ひろ　Ａｉｒｂｎｂみたいな「民泊」は、空いている家や部屋を有効活用できますからね。

ホリ　でも、日本ではお金を取って人を宿泊させることは旅館業になるから、基本的には行政の許可が必要なんだよ。だから今、Ａｉｒｂｎｂで部屋を貸している人は、けっこうグレーゾーンな感じ。

ひろ　そんな「民泊」ですが、２０１５年に大阪府で条例が可決されたので、２０１６年4月から認められるようになるみたいです。東京では大田区が年内に条例を制定する方針のようですけど（２０１６年10月現在、政府は旅行者を空き部屋などに有料で泊める民泊を解禁する民泊新法の制定を目指している）。

ホリ　これまで安く利用できてたビジネスホテルの価格が、今はめちゃめちゃ高騰してるみたいだし、インバウンド（訪日観光客）需要に応える必要があるからね。

ひろ　でも、需要に応えるためって理由はわかるんですけど、個人的には、旅館業法を守らないで宿泊ビジネスができちゃうのはどうなのかなぁと。

ホリ ん？ なんで？

ひろ 例えば、今の旅館業法って宿泊をする際は必ず名前を申告する必要があったり、偽名を使うと処罰されたりとか、犯罪者を捕まえやすい仕組みがありますよね。そんで、消防設備などの安全管理もちゃんとしてないといけないんで、そのへんのルールを安易に崩しちゃっていいのかなぁと思うんです。

ホリ そのへんの対応はＡｉｒｂｎｂで貸し出す施設でもできるでしょ。犯罪者を捕捉する仕組みはクレジットカード登録の必要があるからある程度は担保されているじゃん。スプリンクラー設置とかの安全管理についてはマストだけど、そのへんの管理はＩｏＴ（モノのインターネット）の活用でフォローできる部分は大きいと思う。

ひろ そうなんですかね。あと、日本が本当に観光立国を目指すなら、ＡｉｒｂｎｂよりＡ値段が高くてもクオリティのいい宿を提供するほうが長期的には得すると思うんですよ。外国人観光客がたくさん訪れる都市といえばパリですけど、パリにあるホテルは全然安くないですから。宿泊費が安いからといって観光客がパリに来てるわけじゃないんですよ。

ホリ てか、Ａｉｒｂｎｂはハイクラスのホテルに対立する考え方じゃないよ。それに、Ａｉｒｂｎｂで高くてきちんとした宿を提供する人が出てきてもいいじゃん。

ひろ でも、長期的に見た場合、ホテルや宿泊施設の最低価格が下がっちゃいませんかね？

ホリ そう？ 当面は観光客の需要が上回るから、価格は下がらないと思うけどなあ。

ひろ ２０２０年の東京オリンピック以降は下がりまくると思いますけどね。

ホリ　それは違うと思う。なんで今インバウンドの観光客が増えているかというと、アジアの経済発展が大きいんだよ。ひと昔前は、お金持ちは欧米に多かったから日本は距離的に遠かった。それにＬＣＣ（格安航空会社）も普及してなかったから、日本は一部の人たち向けの観光地だった。でも、アジアが経済発展したことで日本から近い国の人たちもお金持ちになって、ＬＣＣも普及したから日本への観光客が増えているんだよ。

ひろ　円安効果もありますしね。

ホリ　そう。だから、昔の日本人が物価の安かった韓国とか台湾に行ってたノリで来てるんだよね。それに日本の飯はウマいし、歴史もある。おもてなしのレベルも高いじゃん。

ひろ　それはわかるんですが、オリンピック後にはけっこう厳しいことになるのかなと思ってます。観光庁の資料によると、オリンピック開催時にはオリンピック目的の旅行者が海外から80万人くらいが来ると見込まれてるらしいんですよ。んで、それに対応するために不動産投資やＡｉｒｂｎｂ用にリフォームしている人が多くいるわけです。

ホリ　だよね。

ひろ　で、２０２０年には対応できてよかったねってなりますけど、オリンピック後にも80万人が来続ける可能性は低いわけで、そうなると空室率はかなり上がりますよね。

ホリ　そりゃあ、需要の落ち込みは多少あるでしょ。

ひろ　オリンピック後にワールドカップでも開催されなければ、大量の空き部屋が発生するという悲惨な状況になりますよ。ってな状況を考えると、へたにホテルや施設を造っちゃうと将来ガラガラになる可能性が高いわけで、民泊の規制緩和も手放しには喜べないと思うわけです。例えば、2020年までの時限立法として規制緩和をするなら、無用な投資を避けることができるので理解できるんですけどね。

ホリ　そうは思わないなー。確かにオリンピック後に需要は落ち込むだろうけど、増えた供給に需要が追いつくようになるでしょ。東京は人気も高いんだし、ヘンな規制がなければ大丈夫だと思うよ。

ひろ　ちなみに、Ａｉｒｂｎｂを使って儲けようとしている人が増えてるらしいですね。

ホリ　俺もよく相談受けるよ。「どのへんの物件がオススメですか？」とか……。

ひろ　まあ、中国の経済が悪くならない限り、オリンピックまでの期間ではすごい儲かるでしょうからね。なんか、この連載の担当さんも気になってるみたいですよ。「俺もＡｉｒｂｎｂやってみようかな」とか言ってましたし。

ホリ　まじで？　うーん、あの担当がそう考えてるってことは、同じことを考えてる人が山ほどいるってことだから、すでにレッドオーシャン（血で血を洗うほど競争の激しい市場）ってことか（笑）。

ひろ　うはは（笑）。じゃあ、中途半端な気持ちの人はやらないほうがいいかもですね。

［あとがきにかえて］

この対談、実はLINEでやってました！

ひろ　ついに、あとがきまでＬＩＮＥでの対談ですね（笑）。

ホリ　別にいいんじゃない？　それでも、こうしてちゃんとできているわけだし（笑）。

ひろ　この2年くらいは、直接会わずにＬＩＮＥでしか対談していないですよね。堀江さんが刑務所から出所してから復活したんで、丸3年くらいやってるんですけど。Ｓｋｙｐｅでのビデオ会議とかはよく聞きますけど、テキストベースでの対談は珍しいですよね。

ホリ　そだね。たまにトークアプリの『755』でもやってるけど、本当に便利な世の中になったよな。

ひろ　まあ、お互いのスケジュールを合わせるのも大変ですし、そういう意味では担当さんも気が楽かもしれないですよね。実際、連載としても成り立っているし、書籍にまでなったわけですから。

ホリ　対談の場所に行く時間もかからないし、いる場所も問わないから、こういうやり方は増えてもよさそうなもんだけど。

ひろ　そうですね。タイムリーなテーマで対談できますからね。そんな感じでメリットは多いんですけど、僕たちが会わずに連載していることで、怒る人っているんですかね？

ホリ　いやー、さすがにいないいんじゃない？

ひろ　堀江さんのファンの人なんかは、すでにこの事実を知っていたり、後から聞いても気にしない人が多いでしょうけど、そうじゃない層が一定数いそうな気がするんですよ。

ホリ　まあ、「ゴーストライターが書いてるんだろ！」とかって騒ぐ人たちはまだまだいるし、「自分で時間を使って作ってないものは本物じゃない」とか思っている原理主義者は少なくないからなあ。

ひろ　「苦労してないから価値がない！」「汗水たらして稼いだお金は尊い！」みたいな、労力至上主義の人はいつの時代にもいますよね。そういう人たちからすれば、スマホを使って対談しているのは、けしからんことなのかもしれないですけど……。

ホリ　でも、お互いの時間を合わせて、その場所に行って話すって〝効率が悪い〟だけじゃん。俺やひろゆきが伝えたいことが読者に届けばいいんだし、読者にとって結果的に得られているものが同じなら、いいと思うんだけど。

ひろ　効率って意味でいえば、直接会ったほうがてっとり早い場合もありますよね。対談だったら、〝その人が発言するまで無言で待つ〟みたいなプレッシャーのかけ方もあったりしますし。あとは、論理では納得しない相手を説得するには、直接会ったほうがよかったりしますし。

ホリ　そう？

ひろ　例えば、美人の社員に接待させると契約がよく取れるとか、お酒の席で意気投合して仕事をくれるとかってけっこうあるあるじゃないですか。そういう仕事のパフォーマンスで勝負しない分野だと、顔を合わせるのは重要だったりします。

ホリ　いやいや、それはコンテンツ的なものとは関係ないところの話でしょ。

ひろ　まぁ、そうですけどね（笑）。とはいえ「取引先に偉そうな態度をとりたい」とか「あわよくば美人社員の担当者と仲良くなりたい」とか「敬語を使われてチヤホヤされたい」とか、直接会うことでメリットがある人もいるわけで。そういう、本来の業務遂行以外の部分を仕事に求める人って多いと思うんですよ。

ホリ　やっぱ、仕事とは関係ない部分じゃん（笑）。顔を合わせるとか、特定の職場に行くとかをやめると楽だと思わない？　俺は作業をするためのオフィスなんて構えてないけど、全然、問題なく仕事できてるよ。

ひろ　もちろん、本質的な部分ではそう思うんですけど、僕らが「世界中、どこにいても仕事ができます」と言っても、多くの人が東京に事務所を構えて仕事をするのは、本質的な部分とは関係ない理由が影響していると思うんですよね。それに堀江さんは超特殊なケースなので、ほかの人がマネできない部分が多いですから。

ホリ　どういうこと？

ひろ　普通の人間の弱さを考慮しない方法論を平然とやれちゃうこととかですかね？　あとは、敵をつくることや嫌われることに躊躇しないっていう性格も重要かなと。日本の社会では、メールやＬＩＮＥだけで仕事の連絡をしていると「失礼なヤツだ！」って言われがちじゃないですか。

ホリ　俺は、挨拶どころか電話されるのすら「うざい」と思っちゃうからね。電話に出るとその間は何もできなくて、無条件に時間が奪われるから。

ひろ　堀江さんは、昔から電話を嫌ってますよね。ちなみに、海外に住むと電話が一切来なくなるのでオススメですよ。

ホリ　大丈夫。電話はほとんどかかってこなくなったから。電話がかかってきても出ないでいるとだんだん減ってくるんだよ。それに、本当に大事な連絡だったら、その後にＬＩＮＥが来る。だから、嫌われるとかそんなことを気にしないほうがいいと思うよ。

ひろ　まあ、僕も、寝ていて連絡をスルーすることがよくありますから。

ホリ　ひろゆきは、この書籍のカバーの撮影も寝過ごしたよね。待ってたのに来なかったし。

ひろ　……すみません、すみません。でも、翌日、別で撮影しましたよ。ただ、言い訳じゃないですけど、睡眠ってやっぱり大事だと思うんですよ。

ホリ　確かに、睡眠時間を削りながら作業しても効率が悪くなるだけだからね。

ひろ　人間が最大の能力を発揮するには睡眠が超重要なので、そういう意味だと頭が良くなりたいと思ってヘンなセミナーや高額の本を読むなら、寝たほうが得だと思うんですよ。

ホリ　言ってることはわかる。俺も講演とかで、「こんな講演に来ちゃダメ」みたいなことを言ったりしてるから（笑）。

ひろ　というわけで、ここまで読んでいただいた読者の皆さんには本当に申し訳ないんですが、この本を読むより、寝たほうがいいという結論になりました（笑）。

ホリ　確かに、そうかもね（笑）。

堀江貴文 Takafumi Horie
1972年、福岡県生まれ。
1996年に『有限会社オン・ザ・エッヂ』を設立。2002年に経営破綻した旧ライブドアから営業権を取得。2004年に社名を『株式会社ライブドア』に変更。
2006年に証券取引法違反で逮捕・起訴される。2011年、実刑判決が確定し収監。2013年3月に仮釈放され、11月に刑期満了。

西村博之 Hiroyuki Nishimura
1976年、神奈川県生まれ。
1999年にインターネットの匿名掲示板「2ちゃんねる」を開設し、管理人になる。2005年に『株式会社ニワンゴ』取締役管理人に就任し、2006年に「ニコニコ動画」を開始。2009年「2ちゃんねる」の譲渡を発表。2015年に英語圏最大の匿名掲示板「4chan」の管理人に。

ホリエモン×ひろゆき
やっぱりヘンだよね
～常識を疑えば未来が開ける～

2016年10月31日　第1刷発行

著　者　堀江貴文　西村博之
構　成　杉原光徳（ミドルマン）
撮　影　村上庄吾
編　集　村上隆保（湘南バーベキュークラブ）
イラスト　西アズナブル
装丁＆本文デザイン　濱村憲司（ビーワークス）

発行者　鈴木晴彦
発行所　株式会社　集英社
〒101-8050　東京都千代田区一ツ橋2-5-10
編集部　03-3230-6371
販売部　03-3230-6393（書店専用）
読者係　03-3230-6080

印刷所　凸版印刷株式会社
製本所　加藤製本株式会社

ISBN978-4-08-780804-9 C0095